AI 음악 생성기, 수노

AI문고

인공지능 시대입니다. 기계가 인간의 인지를 대신하고, 사물이 인간을 통하지 않고 다른 사물과 직접 커뮤니케이션합니다. 이에 따른 인간 삶과 문명 변화를 정확히 이해·예측·대응하는 것은 이 시대 우리 모두의 과제입니다. AI문고는 인공지능 기술과 환경의 여러 주제를 10가지 키워드로 정리합니다. 관련 개념과 이론, 학계와 산업계의 쟁점, 우리 일상의 변화를 다룹니다. 인간과 기술의 현재, 미래를 세심히 분석합니다.

일러두기

- 인명, 작품명, 저서명, 개념어 등은 한글과 함께 괄호 안에 해당 국가의 원어를 병기했습니다.
- 외래어 표기는 현행 어문규정의 외래어표기법을 따랐습니다.

처음이세요?

전문가세요?

AI 음악 생성기, 수노

박은비·양종모

대한민국, 서울, 커뮤니케이션북스, 2025

AI 음악 생성기, 수노

지은이 박은비·양종모
펴낸이 박영률

초판 1쇄 펴낸날 2025년 10월 23일

커뮤니케이션북스(주)
출판 등록 2007년 8월 17일 제313-2007-000166호
02880 서울시 성북구 성북로 5-11
전화(02) 7474 001, 팩스(02) 736 5047
commbooks@commbooks.com
www.commbooks.com

ISBN 979-11-430-1406-1 03500

책값은 뒤표지에 표시되어 있습니다.

차례

AI 음악 생성기의 시대

21세기, 인류는 기술 발전의 새로운 전환점에 서 있다. 한때 인간 고유의 영역이라 여겨졌던 창작은 더 이상 신성불가침의 영역이 아니다. 글쓰기, 그림 그리기, 그리고 이제 음악에 이르기까지, 인공지능(AI)은 창작의 핵심부에 깊숙이 침투하며 혁명적인 변화를 일으키고 있다. 이 거대한 흐름의 중심에 바로 AI 음악 생성기가 있다. 과거에는 상상하기 어려웠던 속도와 다양성으로 음악이 생성되고 있으며, 이는 음악 산업 전반에 걸쳐 패러다임의 변화를 일으키고 있다. 이 책은 급변하는 AI 음악 생성기의 시대와 그 정점에 있는 수노(Suno)에 대한 깊이 있는 탐구를 목적으로 한다.

이 책의 여정은 단순히 기술적 도구를 소개하는 것을 넘어, 음악과 기술이 만나 어떻게 서로의 경계를 허물고 새로운 가치를 창출하는지에 대한 거대한 서사다. 우리는 음악이 아날로그에서 디지털로, 그리고 이제는 알고리즘과 신경망의 세계로 진화해 온 역사를 되짚어볼 것이다. 또한 수많은 AI 음악 생성기 중에서도 수노가 왜 단연 돋보이는 존재로 자리매김했는지, 그 기술적 강점과 파급력을 심층적으로 다룰 것이다.

이 책은 총 10개의 장으로 구성되어 있으며, 각 장은 AI 음악의 과거, 현재, 그리고 미래를 포괄적으로 다룬다. 우리는 역사적 배경부터 시작하여 현재의 기술적 진보, 그리고 이 기술이 가져올 미래의 윤리적 · 사회적 함의에 이르기까지 폭넓은 주제를 다룰 것이다. 이 여정을 통해 독자들은 AI 음악 생성기가 어떤 의미를 가지며, 수노가 왜 그토록 주목받는지, 그리고 앞으로 어떤 미래를 만나게 될지에 대한 답을 찾게 될 것이다.

음악은 인류의 가장 깊은 곳에 자리 잡은, 영혼의 언어였다. 한때 오직 인간의 손끝과 목소리, 그리고 마음에서만 탄생한다고 믿어졌던 이 신비로운 예술은 이제 새로운 창작의 주체를 만나고 있다. 바로 인공지능(AI)이다. 21세기, AI는 단순한 계산 도구를 넘어 창작의 핵심부까지 깊숙이 침투하며 음악의 미래를 재정의하고 있다. 이 거대한 변화의 흐름 속에서, 우리는 한때 불가능하다고 여겨졌던 새로운 지평을 목격하고 있다.

이 책 《AI 음악 생성기, 수노》는 이러한 AI 음악 생성기의 시대와 그 중심에 있는 수노에 대한 깊이 있는 탐구를 목적으로 한다. 급변하는 기술의 흐름 속에서 AI 음악 생성기가 어떤 의미를 가지며, 수노가 왜 그토록 주목받는지, 그리고 앞으로 어떤 미래를 만나게 될지에 대한 질문에 답하고자 한다.

1장 디지털 음악의 역사와 AI 음악의 탄생

이 책의 첫 번째 장은 20세기 후반부터 급속도로 전개된 디지털 음악의 역사를 조명하며 시작한다. 아날로그 신호를 0과 1의 연속으로 변환하는 디지털화가 어떻게 음악의 본질적 속성을 변화시켰는지 살펴본다. CD의 등장으로 음악이 '영구 보존 가능한 데이터'가 되었고, MIDI와 DAW의 보급은 '개인 스튜디오' 시대를 열었다. 이러한 기술적 토대가 바로 오늘날 AI 음악의 뿌리다. AI 음악 생성 기술의 태동과 발전 과정을 역사적 관점에서 조명하여 현재까지의 흐름을 이해하는 것이 이 장의 핵심이다.

2장 AI 음악 생성기의 발달과 다양성

AI 음악 생성 시장은 수노 외에도 매우 다양한 플레이어들로 이루어져 있다. 이 장에서는 현재 시장을 주도하는 다양한 AI 음악 생성기들을 소개하고 그들의 특징과 차이점을 분석한다. 무버트(Mubert)가 특정 목적에 맞는

'기능적 음악'을 만드는 데 특화되어 있다면, 사운드로우(Soundraw)는 사용자가 섬세하게 음악을 편집할 수 있는 강점을 가지고 있다. 이 외에도 아이바(AIVA), 앰퍼뮤직(Amper Music) 등 다양한 서비스들의 특징과 상업적 활용 사례를 살펴본다.

3장 수노, 등장과 파급력

수노가 수많은 AI 음악 생성기 중에서도 단연 돋보이는 이유는 보컬까지 포함된 완성도 높은 음악을 생성하는 독보적인 기술력에 있다. 이 장은 수노가 특별한 이유와 기술적 강점, 그리고 음악 산업에 미치는 영향을 심층적으로 다룬다. 특히 직관적인 프롬프트 시스템은 음악 전문가뿐만 아니라 일반 대중에게도 창작의 문을 활짝 열어주었다. 이 장은 수노가 '1인 밴드' 시대를 열고, 음악을 소수의 전유물이 아닌 모두의 놀이로 만든 과정을 구체적인 사례를 통해 보여준다.

4장 수노 창작 음악의 특성

이 장에서는 수노가 만들어 낸 음악의 미학적 특성을 깊이 있게 탐구한다. 수노는 수노를 실제로 사용하는 방법과 결과로 얻는 음악의 특징을 설명한다. 수노의 창작은 인간의 직관이나 영감과 달리, 방대한 데이터에 숨어 있는 규칙을 탐색하고 이를 확률적으로 재조합하는 과정이다. 이는 얼핏 기계적이고 비인간적으로 보일 수 있지만, 그 속에는 인간이 수 세기 동안 축적해 온 음악적 경험과 규칙이 응축되어 있다.

5장 수노로 음악 만들기

이 장은 수노를 실제로 사용하는 방법에 대한 실용 가이드다. 음악적 지식이 없는 독자도 쉽게 따라 할 수 있도록, 수노에 접촉해서 음악을 만드는 방법을 제시한다. 프롬프트를 활용하여 명령을 하여 음악을 만드는 방법을 설명하는 것이 이 장의 핵심이다. 'Custom Mode'를 활용하여 음악의 장르, 분위기, 가사를 직접 지정하는 법을 배우고, 'Continue from this song' 기능을 통해 더 긴 곡을 만드는 노하우를 습득한다.

6장 수노, 교육 현장에서의 활용법

수노는 단순한 엔터테인먼트 도구를 넘어, 교육 현장에서 창의성과 융합적 사고를 기르는 강력한 도구가 될 수 있다. 이 장은 수노를 교육 현장에서 활용하는 방법을 제시한다. 학생들은 역사적 사건이나 문학 작품을 주제로 음악을 만들어 보며 융합적 학습을 경험하고, 직접 리듬과 화성을 만들어 보며 음악적 개념을 몸과 감각으로 체화한다. 음악을 창작하는 과정에서 얻을 수 있는 교육적 의미를 고려하여 접근 방법을 제시하는 것이 이 장의 목적이다.

7장 수노, 음악 교육 커리큘럼에서의 통합

이 장은 수노가 기존의 음악 교육 커리큘럼에 어떻게 효과적으로 통합될 수 있는지를 심층적으로 다룬다. 전통적으로 음악 교육의 세 축인 음악 연주, 감상, 창작에서 수노를 활용하는 방법을 제시한다. 수노가 만든 곡을 학생들이 직접 연주하거나, 다양한 장르의 음악을 생성하여 감상하는 활동을 통해 음악적 지평을 넓힐 수 있다. 또한 음악적 배경이 없는 학생들도 쉽게 창작에 참여함으로써 음악 교육의 새로운 패러다임을 열어갈 수 있을 것이다.

8장 AI 음악 생성과 윤리

AI 음악 생성 기술의 발전은 새로운 윤리적, 법적 문제를 야기하고 있다. 이 장은 AI로 음악을 만드는 과정에서 발생하는 새로운 윤리적 문제를 고찰한다. AI가 기존 음악을 학습하는 과정에서 발생하는 저작권 문제와 AI가 생성한 음악의 저작권 귀속 문제를 심도 있게 논의한다. 이 장은 AI 기술이 가져올 긍정적인 측면과 동시에, 음악가들의 일자리 위협과 같은 부정적 측면을 모두 균형 있게 조명한다.

9장 AI 음악 생성기의 발전 방향과 교육적 적용

수노의 현재 기술 수준을 넘어, 앞으로 AI 음악 생성기가 어떤 방향으로 발전할지에 대한 예측과 교육적 전망이다. 미래의 AI는 단순히 텍스트 프롬프트를 넘어, 사용자의 감정 상태나 심지어 뇌파를 분석하여 음악을 생성하는 수준에 이를 수도 있다. 이러한 기술적 진보를 교육 현장에 어떻게 적용할 수 있을지에 대한 구체적인 전망도 함께 제시한다.

10장 AI 음악 생성기의 미래

마지막 장에서는 AI 음악 생성기 시대의 미래에 대한 총체적인 성찰을 담는다. 미래의 음악이 나아가야 할 방향에 대한 성찰과 함께, 인간과 AI가 공존하며 음악의 미래를 함께 만들어 갈 수 있는 방안을 제시하며 마무리한다. AI가 음악을 만든다고 해서 인간의 역할이 사라지는 것은 아니다. 오히려 AI는 인간 음악가의 창의성을 극대화하는 강력한 '도구'가 될 수 있을 것이다.

각 장을 이렇게 구분한 이유는 독자가 AI 음악 생성기에 대한 이해를 점진적으로 심화하고, 특히 수노라는 특정 도구에 대한 실질적인 지식뿐만 아니라 이 기술이 가져올 광범위한 변화에 대한 통찰력을 얻도록 하기 위함이다. 기술의 발전, 실제 활용법, 그리고 사회적, 윤리적 함의에 이르는 포괄적인 접근을 통해 독자가 AI 음악 생성기의 시대를 다각도로 이해하고, 스스로 질문을 던지며 미래를 준비하도록 돕는다.

이 책이 음악가, 기술 개발자, 정책 입안자, 그리고 AI와 음악에 관심 있는 모든 독자에게 AI 음악 생성기라는 거대한 흐름 속에서 길을 찾고, 새로운 영감을 얻는 나침반이 되기를 바란다. 수노와 함께 열어가는 AI 음악의 미래, 이제 그 여정을 시작한다.

01
디지털 음악의 역사와 AI 음악의 탄생

20세기 후반부터 급속도로 전개된 디지털 기술의 발전은 음악 예술의 생산과 유통, 소비 방식에 근본적인 변화를 야기하였다. 특히 음향의 디지털화와 컴퓨터 기반 음악 기술의 보급은 음악의 본질적 속성과 창작 방식에까지 영향을 미쳤다. 이 장에서는 디지털 음악의 기술적 기원과 발달 과정을 살펴보고 나아가 AI 음악의 탄생 배경과 의미를 조망한다.

기후 위기와 인공지능?

한때 음악은 인간의 가장 고유한 표현으로 여겨졌다. 선율과 리듬은 영혼의 언어로, 시대와 문명을 넘어 사람들을 감동시켜 왔다. 그러나 17세기 말, 고트프리트 빌헬름 폰 라이프니츠(G. W. von Leibniz, 1646~1716)가 이진법을 정식화하면서(이진우, 2024), 세계는 점차 '디지털화(Digitization)'라는 새로운 패러다임으로 이행하기 시작했다.

20세기 후반, 음악도 이러한 흐름 속에서 디지털 기술을 적극적으로 수용하게 되었다. 소리는 더 이상 단순한 물리적 진동으로만 존재하지 않았으며, 아날로그 테이프 위에 남겨지던 흔적은 점차 0과 1의 연속으로 변환되었다(Sterne, 2003). 이로써 음악은 기계의 기억 속에 영구히 보존되고 무한히 복제될 수 있는 존재가 되었다. 이 변화는 단순히 기술적 진보의 산물이 아니었다. 인간은 소리를 기록하고 변형하며, 한 번도 들어본 적 없는 새로운 음색을 창조할 수 있는 힘을 얻게 되었다. 전자 신시사이저와 컴퓨터 음악의 등장은 음향 세계를 물리적 악기의 울림에 국한시키지 않았고(Manning, 2013), 기존의 작곡 개념에 균열을 일으켰다. 그 결과 '연주자'와 '작곡가' 사이의 경계, 나아가 '인간'과 '기계'의 경계마저 점차 희미해졌다. 그리고 21세기, 인공지능(AI)은 음악의 역사에 새로운 장을 열었다. 과거 작곡가들이 수년간 축적한 음악적 데이터는 알고리즘과 신경망 속에서 시뮬레이션되기 시작했고, AI는 단순한 자동 작곡기의 역할을 넘어 인간과 '창작의 대화'를 나누는 동반자로 부상하였다(Cope, 2002).

소리의 전자화와 기록 방식의 혁명

인류의 음악은 오랜 시간 동안 사람의 몸과 도구를 통해 만들어져 왔다. 손이나 목소리, 악기와 같은 도구들은 수천 년 동안 음악의 주된 매개였고, 작곡가는 청각과 감정을 바탕으로 곡을 구상해 왔다. 그러나 20세기 중반, 음악은 기술과 만나며 전례 없는 변화를 맞이하였다. 이는 바로 전자 음악과 디지털 음악의 시작이다. 디지털 음악의 역사는 음향 신호를 기록하는 방식의 변화로부터 시작된다. 20세기 중반까지 음악은 물리적 매체를 기반으로 저장 및 재생되었으나 1960~1970년대 이후, 음향을 이산적인 숫자 신호로 변환하는 디지털 오디오 기술이 등장하면서 음악을 녹음하거나 재생하는 방식이 변화하기 시작했다.

이러한 배경은 전통적인 악기를 사용하지 않은 채 소리를 만들어 내는 구체 음악(Musique Concrète)으로부터 비롯된다. 전자 음악은 소리를 전기적 방식으로 생성하고 가공하는 음악으로서 음악을 이루는 소리 자체를 새롭게 구성할 수 있다는 가능성을 제시하였다. 프랑스를 중심으로 발전한 구체 음악은 피에르 셰페르(P. Schaeffer, 1910~1995)와 앙리(P. Henry, 1927~2017) 등에 의해 활성화되었으며, 셰페르는 전통적인 악보 없이 녹음된 음향을 기반으로 음악을 구성하면서 자르고 붙이기, 속도의 조절, 역재생 등을 통해 음악적 구조를 재창조하였다(음악미학연구회, 2024). 이러한 흐름 속에서 올리비에 메시앙(O. Messiaen, 1908~1992), 피에르 불레즈(P. Boulez, 1925~2016) 등을 중심으로 구성된 구체 음악 작곡가들은 이러한 음악의 실제에 관여하거나 영향을 주면서 '음향을 듣는 것'이 아닌 '음향으로 생각하기'라는 새로운 청취 방식을 제안하였다.

이들의 접근은 20세기 중반 음악 개념의 대전환을 이끌면서 전자 음악의 발전으로 이어졌다. 전자 음악의 큰 공헌을 한 슈톡하우젠(K. Stockhausen, 1928~2007)은 독일 쾰른에 위치한 전자 음악 스튜디오에서 전자 발진기(oscaillator)를 활용하여 완전한 인공적인 소리를 생성하는 데 성공하면서 순음을 다양하게 결합하여 음악을 만들었다. 이후 1960년대 초부터 시작된 컴퓨터의 보급은 작곡가들의 관심을 한눈에 받게 되면서 급격한 발전을 이루게 되었고, 1957년에는 세계 최초의 컴퓨터 작곡 작품이 탄생하였다. 레잔 힐러(L. Hiller, 1924~1994)와 레너드 아이작슨(L. Isaacson, 1925~2018)은 음악 규칙과 확률적 절차를 컴퓨터 프로그램으로 구현하여, 현악 4중주 〈ILLIAC Suite〉를 발표하였다(오희숙 외, 2022). 이는 인간이 아닌 기계가 작곡한 첫 사례로 기록되었으며, 오늘날 AI 음악 생성기, 알고리즘 작곡의 출발점이 되었다.

1980년대 들어 디지털 기술의 발전과 함께 더욱 본격화된 전자 음악의 실험적 시도는 컴퓨터와 악기, 작곡 소프트웨어가 하나의 생태계 안에서 유기적으로 연결되게 하였다. 이를 상징하는 대표적인 상징물로는 1982년 출시된 CD(Compact Disc)가 있다. CD는 기존의 아날로그 매체에 비해 높은 신호와 내구성을 제공함으로써, 디지털 오디오의 대중화를 견인하였다. 더 이상 매체의 마모나 소리의 변질을 걱정할 필요가 사라졌고, 이는 음악이 '영구 보존 가능한 데이터'로 자리 잡는 문화사적인 사건이 되었다.

컴퓨터와 자동 작곡의 시대

디지털 음악의 발전에서 또 하나의 중요한 전환점은 MIDI(Musical instrument Digital interface)의 등장이다. 1983년 공식 표준으로 제정된 MIDI는 전자 악기 간의 연주 정보를 디지털 신호로 교환할 수 있도록 하였으며, 이는 전통적인 악기 연주의 개념을 확장시켰다(Roads, 1996). MIDI는 단지 음향의 재현을 넘어서, 작곡과 편곡, 실시간 연주 제어 등 음악 제작 전반에 걸친 프로세스의 디지털화를 가능케 하면서 MIDI의 표준화를 이끌었다.

MIDI 기술은 이후 디지털 오디오 워크스테이션(Digital Audio Workstation, DAW)의 등장과 함께, 전문가뿐 아니라 일반 대중도 음악 제작에 참여할 수 있는 기반을 제공하였다. DAW 기술은 1990년대에 접어들어 본격적으로 상용화되었다. 이 시점부터는 개인이 가정 내에서 음악을 작곡, 녹음, 편집할 수 있는 이른바 홈 스튜디오 환경이 구축되었으며, 이는 다양한 음악 제작을 가능케 하였다. 대표적인 DAW 소프트웨어인 큐베이스(Cubase), 로직 프로(Logic Pro) 등은 전문적인 사운드 엔지니어링 기능을 내장하고 있었으며, 특히 이 시기에는 샘플링(sample-based composition)과 루프 기반 작곡 방식이 대중화되었다. 이러한 방식은 전통적인 음악 창작 방식에 대한 대안적 접근으로 자리 잡았다.

이처럼 디지털 음악은 형식적 자유와 기술적 실험성을 동시에 추구할 수 있는 영역으로 진화하였다. 1990년대 말부터 등장한 MP3 포맷과 인터넷 기반 파일 공유 서비스는 음악 유통 체계에 근본적인 변화를 초래하였다. 디지털 파일로 변환된 음악은 실시간으로 전송되고, 복제 및 공유가 용이해졌다. 이러한 현상은 음악 소비의 탈물질화를 가속화시켰다.

이러한 배경 속에서 등장한 아이튠즈(iTunes), 유튜브(YouTube), 스포티파이(Spotify) 등의 스트리밍 서비스는 음악 소비의 새로운 표준을 형성하였다. 이와 같은 플랫폼 기반 유통 구조는 단순히 소비 방식만이 아니라, 곡의 길이, 배치, 청취 행동 등 음악 창작의 형식에도 직접적인 영향을 미쳤다.

자동 작곡 시스템도 점차 발전했다. 초기에는 단순한 규칙 기반(rule-based) 알고리즘이 주를 이루었으나, 1990년대 이후 마르코프 체인, 확률적 작곡, 유전 알고리즘이 시도되었다. 이러한 기술들은 게임 음악이나 영화 배경 음악처럼 대량 제작이 필요한 분야에서 그 효율성을 발휘했다. 예를 들어, 사용자의 행동에 따라 실시간으로 음악이 변하는 음악은 알고리즘 작곡 없이는 불가능한 방식이었다.

이러한 지점에서 디지털 음악의 역사는 기술과 음악의 접면에서 이루어진 복합적인 진화의 과정으로 이해할 수 있다. 디지털 오디오 기술과 컴퓨터 음악 소프트웨어의 발전은 음악을 단지 청각 예술로서가 아니라, 데이터화 가능한 디지털 정보로 재정의하였으며, 이는 음악 창작, 생산, 유통의 구조를 총체적으로 재편하였다.

이 과정에서 창작 주체의 경계가 흐려졌다. 전통적으로 음악은 작곡가, 연주자, 청취자로 이어지는 고정된 순환 구조를 가졌지만, 컴퓨터 음악은 청취자조차도 즉석에서 음악을 변형하거나 생성할 수 있게 했다. 이제 음악은 더 이상 완결된 작품이 아니라, 참여와 변형이 가능한 '열린 구조'로 바뀌었다.

AI 음악의 탄생

21세기에 접어들면서, 기계는 단순히 인간이 입력한 규칙을 따르는 수준을 넘어섰다. 딥러닝과 신경망의 발달은 음악 생성의 새로운 가능성을 열었다. AI는 수천만 곡의 데이터를 학습하며 화성 진행, 선율 패턴, 리듬 구조, 장르별 스타일을 스스로 추론하기 시작했다.

대표적인 사례로 아이바(AIVA)는 영화·게임 음악 작곡에 이미 상용화되어 있다. 2016년 공개된 OpenAI의 뮤즈넷(MuseNet)은 10가지 이상의 악기와 15개 이상의 스타일을 혼합하여 작곡할 수 있고, 구글의 마젠타 스튜디오(Magenta Studio)는 짧은 멜로디를 입력하면 그에 어울리는 전체 곡을 완성한다. 최근에는 수노(Suno), 우디오(Udio) 같은 서비스가 프롬프트 형태로 가사와 장르만 입력해도, 완성도 높은 곡을 실시간으로 제공한다.

AI 음악의 본질은 '협업'에 있다. 즉, AI가 만든 초안을 기반으로 인간이 수정·선택하는 과정에서 작곡가는 점점 '창조자'에서 '큐레이터'로 이동하고 있다. 음악 제작의 진입 장벽이 낮아진 덕분에, 전문 교육을 받지 않은 사람도 손쉽게 작곡가가 될 수 있다. 하지만 동시에, 창작의 독창성이 상업적 알고리즘에 잠식될 위험도 커졌다.

그러나 AI 음악의 탄생은 기술 발전의 이야기만은 아니다. 그것은 예술의 본질에 대한 오래된 질문을 다시 불러낸다. 예술이 창작자의 의도와 감정을 담은 행위라면, 감정을 느끼지 못하는 AI가 만든 음악은 과연 예술 작품인가? 혹은, 우리가 AI 음악에서 감동을 느낀다면, 그것은 음악의 본질이 감정의 전달에 있는 것이 아니라 형식과 구조, 혹은 청취자의 해석에 있음을 보여주는 것은 아닐까?

오늘날의 AI 음악 환경은 인간의 손끝에서 떨어져 나온 것이 아니라 인간과 기계의 '대화' 속에서 탄생한다. 인간은 AI가 제시한 초안을 선택하고 수정하며, 기계는 인간이 도달하기 어려운 속도와 계산 능력으로 창작의 지평을 넓힌다. 이 협업 속에서 탄생하는 음악은 기존의 '작곡'이라는 개념을 넘어선다. 그것은 기계의 통계적 직관과 인간의 문화적 맥락이 교차하는 지점에서만 가능할 것이다.

참고문헌

오희숙 외(2022). 《음악에서의 AI와 포스트휴머니즘 미학》. 모노폴리.

음악미학연구회(2024). 《슈퍼맨인가 프랑켄슈타인인가 AI 시대의 음악과 테크놀로지》. 태림스코어.

이진우(2024). 《AI 시대의 소크라테스》. 휴머니스트.

Cope, D.(2001). *Virtual music: Computer synthesis of musical style*. MIT Press.

Manning, P.(2013). *Electronic and computer music*. Oxford University Press.

Roads, C.(1996). *The computer music tutorial*. MIT Press.

Sterne, J.(2003). *The audible past: Cultural origins of sound reproduction*. Duke University Press.

02
AI 음악 생성기의 발달과 다양성

AI는 이제 단순한 계산 도구를 넘어 음악이라는 예술 영역에 깊숙이 들어왔다. 선율을 만들고, 화성을 구성하며, 감정을 담은 음악을 생성하는 AI는 인간의 창작 행위에 도전장을 내밀고 있다. 이 장에서는 AI 음악 생성기의 발전 과정과 기술적 원리를 탐구하고, 다양한 생성기들의 특징과 활용 사례를 살펴봄으로써 인간과 기계의 새로운 창작 관계를 탐색한다.

노래하는 AI 보컬?

음악은 인류 역사 속에서 늘 기술과 함께 진화해 왔다. 원시 시대의 북소리에서 르네상스의 오르간, 산업혁명기의 피아노 제작 기술, 그리고 전자 음악의 신시사이저에 이르기까지, 소리를 다루는 방법이 변화할 때마다 음악의 형식과 내용도 변모했다. 인공지능 음악은 단순한 '기계 소리'의 재현을 넘어, 스스로 악곡을 구성하고, 화성을 설계하며, 특정 음악가의 작풍을 모사한다. 이러한 흐름은 더 이상 실험적 호기심에 그치지 않는다. 영화나 게임의 배경 음악, 상업 광고, 유튜브 콘텐츠에까지 AI 작곡물은 스며들었고, 음악을 전공하지 않은 사람조차도 클릭 몇 번으로 자신만의 곡을 만들어 내는 시대가 열렸다. 음악 제작의 진입 장벽이 무너지고, 창작의 문이 이전보다 훨씬 넓게 개방된 것이다.

2010년대 중후반은 AI 음악의 상용화가 본격화된 시기였다. 2016년 구글은 마젠타 프로젝트를 시작으로, RNN, LSTM, Transformer 기반의 음악 생성 모델을 공개했고, 2019년에는 OpenAI가 뮤즈넷(MuseNet)을 선보이며, 최대 10개 악기를 조합해 4분 이상의 여러 장르의 곡을 생성해 냈다(심인섭, 2025). 이후 2020년대에 들어서면서 AI 음악 생성기는 완전히 새로운 국면에 접어들었다. 초거대 언어 모델과 오디오 모델이 결합하면서,

단순한 멜로디나 반주 생성에서 벗어나 가사 창작과 편곡, 보컬 합성까지 지원하는 통합형 플랫폼이 나타난 것이다. 즉, AI 음악 생성기는 빠른 속도로 발전하고 있으며, 그 종류 또한 다양해지고 있다. 이러한 음악 제작의 기술적 편의는 음악의 본질과 창작의 정의에 대한 근본적인 질문을 우리에게 던지고 있다.

AI 음악 생성기의 발달

인공지능은 음악 창작의 경계를 끊임없이 확장해 왔다. 특히 21세기에 접어들며 딥러닝과 자연어 처리 기술이 급격히 진화하면서, 음악 생성 분야에서도 AI의 역할은 단순한 자동화 도구에서 벗어나 독자적인 창작 주체로까지 부상하고 있다. 초기의 AI 음악 생성기는 주로 규칙 기반 시스템(rule-based system)이나 알고리즘 작곡 기법을 사용하여 간단한 멜로디를 생성하는 데 그쳤지만, 이후 신경망 기반의 모델, 특히 순환 신경망(RNN), 장단기 메모리 신경망(LSTM), 트랜스포머(Transformer) 모델의 등장으로 음악의 구조, 감정, 장르적 특성까지 포괄적으로 구현할 수 있는 수준에 이르렀다.

인공지능 음악의 기원은 1956년 미국 일리노이 대학교에서 탄생한 〈일리악 스위트(Illiac Suite)〉다. 이는 연구자들이 당시의 대형 컴퓨터 '일리악(Illiac)'을 사용하여 만든 현악 4중주로, 특정 음악 이론 규칙과 확률 계산을 기계에 입력한 뒤, 그 결과를 악보로 옮겨 연주한 것이었다(Hiller & Isaacson, 1959). 당시의 컴퓨터는 지금처럼 창의적인 결정을 내리는 것이 아니라, 주어진 알고리즘을 충실히 실행하는 도구에 불과했다. 그러나 이러한 시도는 '작곡'이라는 영역에 컴퓨터가 참여할 수 있다는 가능성을 제시했고, 이는 훗날 AI 음악 생성기의 출발점이 되었다.

이후 1980년대 미디(MIDI)가 등장하면서 디지털 악기와 컴퓨터가 실시간으로 소통할 수 있는 환경이 마련되었고, 이러한 흐름 속에서 미국의 작곡가이자 음악학자인 데이비드 코프(D. Cope, 1941~2025)는 인공지능을 활용한 작곡 연구로 독보적인 족적을 남겼다. 그는 단순히 컴퓨터로 음악을 '만드는 것'을 넘어, 특정 작곡가의 스타일을 분석하고, 그 창작의 본질을 데이터로 재현하려 했다. 데이비드 코프의 대표적 프로젝트인 EMI (Experiments in Musical Intelligence)는 특정 작곡가의 악보를 수집하고 이를 세밀하게 분석하는 것에서 시작되었다(Cope, 1991). EMI는 악곡 속에서 반복되는 멜로디의 진행이나 화성의 전개 방식, 리듬 패턴과 같은 '작곡 DNA'를 추출하였고, 이렇게 추출된 음악적 조각들을 재구성하여, 전혀 새로운 곡을 만들어 냈다. 중요한 점은, 이 곡들이 단순한 편집물이 아니라, 원작자의 작풍을 충실히 따르면서도 이전에는 존재하지 않았던 음악이라는 사실이었다.

이후 2009년, EMI의 뒤를 이은 에밀리 하웰(E. Howell)이 등장했다. 이는 인간이 아닌 AI 시스템으로서 악보를 읽지도, 악기를 연주하지도 않았지만 청중을 위한 새로운 음악을 만들 수 있었다. EMI의 음악이 주로 과거 거장들의 음악 어법을 재현하는 모사였다면, 에밀리 하웰은 보다 현대적이고 실험적인 화성이나 비정형적인 리듬, 그리고 예측 불가능한 전개를 선보였다. 초기에는 코프가 직접 에밀리 하웰의 작품에 관해 피드백을 주었지만 점차 그 판단은 청중에게로 확장되었다. 즉, AI는 사람들의 반응을 기억하고, 이를 데이터로 흡수하여 다음 작품에 반영했다.

에밀리 하웰이 세상에 모습을 드러낸 2009년 이후, AI 음악 생성기의 세계는 빠르게 변화했다. 그 변화는 단순한 기능 향상이 아니라 AI가 예술 생태계에서 차지하는 위치의 이동이었다. 에밀리 하웰이 인간과 기계의 협업 가능성을 열어주었다면, 그 이후의 AI들은 창작의 문턱을 허물고 누구나 음악가가 될 수 있는 시대를 열었다.

AI 음악 생성기의 다양성

2010년대 중반, AI 음악 생성기의 기술 발전은 딥러닝(Deep Learning)의 도입과 함께 새로운 전기를 맞았다. 이전까지 AI 음악은 짧은 길이의 멜로디나 특정 스타일을 모방하는 형태가 주를 이루었지만, 이제는 큰 형식의 구조를 갖는 곡을 만들어 내고, 악기 편성, 화성 전개, 리듬 패턴까지 통합적으로 설계할 수 있게 되었다. 2016년 구글의 마젠타 프로젝트(Magenta Project)는 이러한 변화를 상징하는 첫 번째 큰 이정표였다. 이 시스템은 창작의 주도권을 기계에 더 많이 넘기면서, 방대한 양의 악보 데이터를 학습해, 멜로디와 화성, 리듬을 종합적으로 구성하는 능력을 갖추었다. 그러나 마젠타 프로젝트의 본질은 '도구'였다. 즉, 인간이 악기 편성이나 주제를 제시하면, AI는 그 제약 안에서 다양한 변주와 확장을 시도하는 것이다. 이는 인간이 미완성 스케치를 주고 기계가 그 그림을 완성하는 협업 형태에 가까웠다. 여기서 창작은 일방향이 아니라, 인간과 AI가 번갈아가며 주고받는 대화처럼 이루어졌다.

곧이어 2019년, OpenAI의 뮤즈넷(MuseNet)은 AI 음

악의 범위를 획기적으로 넓혔다. 뮤즈넷은 최대 10개의 악기를 동시에 다루며, 특정 장르와 작곡가 스타일을 복합적으로 결합해, 인간이 시도하기 어려운 음악적 실험을 가능케 했다. '모차르트 풍의 재즈'나 '록 밴드 스타일의 왈츠'처럼, 기존 예술 문법을 넘어서는 조합은 뮤즈넷의 가장 큰 특징이었다. 이는 마치 세계 각지의 음악 전통을 한 무대에 올려놓고, 즉석에서 융합 공연을 펼치는 것과도 같았다. 뮤즈넷은 단순 모방을 넘어서, 새로운 음악 언어를 창안하는 시도를 보여주었다. 이는 뮤즈넷이 기계가 단지 인간의 음악을 모방하는 수준을 넘어, 새로운 음악적 결합을 제안하는 창작자로 나아갈 수 있음을 보여주었다.

이외에도 아이바(AIVA), 앰퍼 뮤직(Amper Music), 주크덱(Jukedeck), 사운드로우(Soundraw) 등은 상업용 음악, 영화·게임용 사운드트랙, 유튜브 콘텐츠 배경 음악 제작 등 다양한 목적에 특화된 AI 음악 서비스를 제공하고 있다.

아이바는 대규모 악보 데이터에서 화성 진행, 대위법, 악기 편성의 패턴을 학습하고, 이를 토대로 하나의 악곡을 처음부터 끝까지 설계한다. 또한 앰퍼 뮤직은 사용자가 장르, 분위기, 길이, 템포 등과 같은 몇 가지 요소를 선택하면 그 조건에 맞는 음악을 즉시 생성한다. 이 방식은 음악을 감상의 대상이라기보다 영상 · 광고 · 게임의 분위기를 형성하는 환경 요소로 다룬다. 따라서 앰퍼 뮤직의 창작은 개인적 영감보다는 맥락에 최적화된 실용적 작곡에 초점이 맞춰져 있다.

사운드로우는 사용자가 장르, 악기, 곡 길이, 전개 방식을 선택하면, AI는 이를 조합해 맞춤형 곡을 생성한다. 그러나 사운드로우의 특징은, 생성된 곡의 각 구간을 사용자가 자유롭게 수정 · 재배치할 수 있도록 한다는 점이다. 이는 AI가 '작곡 전담자'라기보다 인간이 원하는 대로 재편성할 수 있는 무한한 음원 재료 제공자로 기능한다. 여기서 창작은 완결된 작품이 아니라 인간과 기계가 함께 빚어가는 개방형 과정이 된다.

2023년 출시된 수노(Suno)는 AI 음악의 대중화 흐름을 결정적으로 가속했다. 사용자가 단 몇 줄의 문장으로 장르, 분위기, 주제를 설명하면, AI는 곡 · 가사 · 보컬까지 완성된 형태로 제공했다. 음악 제작이 더 이상 전문 영역이 아니라, 누구나 참여할 수 있는 문화적 놀이로 확장된 것이다. 2024년에는 우디오(Udio)가 등장해, 멜로디와 가사, 편곡을 한 번에 처리하며 상업 음악 수준의 음질을 구현했다. 이 AI들은 단순한 보조 도구가 아니라,

이미 '하나의 창작 주체'로 인식되고 있다(이지원, 2019).

이러한 발전은 예술의 권력 구조를 다시 쓰고 있다. 과거에는 음악 창작이 소수의 훈련된 작곡가와 연주자만의 영역이었다면, 이제는 누구나 AI를 통해 자신의 음악 세계를 펼칠 수 있다. 이것은 창작의 문을 열어젖힌 해방이자, 동시에 예술의 경계에 대한 새로운 질문이다. "이 곡의 작곡가는 누구인가?", "창작의 가치는 창작 과정에 있는가, 아니면 그 결과물에 있는가?"

에밀리 하웰 이후의 AI 음악 생성기들은 바로 이러한 질문들을 우리 시대의 화두로 만들었다. 그리고 그 질문에 답하는 과정에서, 우리는 인간과 기계가 함께 만드는 예술의 새로운 지평을 목격하게 될 것이다.

참고문헌

심인섭(2025). 《AI와 음악의 변화》. 커뮤니케이션북스.

이지원(2019). 《인공지능과 음악》. 처음북스(CheomBooks).

Cope, D.(1991). *Computers and musical style*. Oxford University Press.

Hiller, L. A. & Isaacson, L. M.(1959). *Experimental music: Composition with an electronic computer*. McGraw-Hill.

03
수노, 등장과 파급력

수노는 수많은 AI 음악 생성기 중에서도 유독 주목받는 존재다. 단순히 기술적 우위를 넘어, 음악 창작의 문턱을 획기적으로 낮추어 대중화를 이끌었기 때문이다. 이 장에서는 수노가 파급력이 있을 수밖에 없는 독보적인 강점들을 심층적으로 파헤쳐 본다.

인공지능과 편향?

기술적 강점: 보컬 구현과 직관적 프롬프트 시스템

많은 AI 음악 생성기가 악기 위주의 반주나 멜로디 생성에 머물러 있을 때, 수노는 사람의 목소리와 유사한 보컬을 놀라울 정도로 자연스럽게 구현해 냈다. 이 능력은 수노의 가장 강력한 차별점이다. 단순한 텍스트-음성 변환(TTS) 기술을 넘어 음성 합성 모델이 멜로디, 리듬, 강약, 그리고 감정적 뉘앙스까지 학습하여 실제 가수가 부르는 듯한 느낌을 만들어 낸다.

수노 출시 직후, 유튜브와 틱톡 등에서는 'AI가 부르는 비틀즈 신곡', 'AI가 만든 팝송' 등의 제목으로 수많은 콘텐츠가 쏟아져 나왔다. 특히, 수노로 만든 록발라드 'Hey, It's Me'는 보컬의 뛰어난 감정 표현으로 사람들에게 충격을 주었다. 음이 떨리는 바이브레이션, 미세한 숨소리, 그리고 클라이맥스에서의 시원한 고음 처리 등은 AI가 단순히 기계적인 소리를 넘어, 음악에 '영혼'을 불어넣을 수 있음을 보여주는 강력한 증거였다. 이러한 기술력은 기존 AI 음악이 지닌 '부자연스러움'이라는 한계를 극복하고, 음악에 생명력을 불어넣는 결정적인 역할을 했다.

수노는 복잡한 설정이나 전문적인 음악 지식이 필요

없다. 사용자는 그저 머릿속에 떠오른 생각을 텍스트로 입력하면 된다. 예를 들어, "아침 햇살이 비치는 숲속을 걷는 듯한 잔잔한 피아노곡, 여성 보컬"과 같이 생각의 설명만으로도 원하는 음악을 생성할 수 있다. 이는 마치 AI에게 그림을 주문하듯, 음악을 주문하는 것과 같다. 이러한 사용자 친화적인 인터페이스는 음악 전문가뿐만 아니라, 일반 대중에게도 창작의 즐거움을 경험하게 하는 핵심 요소다. 수노의 공동 창립자 마이클 라비드(Michael Ravid)는 한 인터뷰에서 "우리의 목표는 '음악을 만들고 싶다'는 단순한 생각을 가진 모든 사람이 그 즉시 창작을 시작할 수 있게 하는 것"이라고 밝혔다(수노 official blog, user interview data). 복잡한 DAW(Digital Audio Workstation)나 미디(MIDI) 컨트롤러 없이도, 텍스트 입력창 하나로 모든 창작이 가능하도록 설계된 것이 바로 이러한 철학을 반영한다.

수노는 음악 제작을 위해 고가의 장비와 소프트웨어, 오랜 시간의 숙련이 필요했던 과거의 장벽을 허물었다. 이제 누구나 스마트폰이나 컴퓨터만 있다면 자신만의 음악을 만들고 세상과 공유할 수 있다. 수노는 창작의 주체를 전문가로부터 대중으로 확장하며, 음악이 소수의 전유물이 아닌 모두의 놀이가 되는 새로운 시대를 열었다. 수노로 만든 음악은 틱톡의 배경 음악, 개인 유튜브 채널의 주제가, 심지어는 작은 규모의 지역 축제 송가로도 활용되고 있다. 한 아마추어 창작자는 "평소에 멜로디를 흥얼거리기만 했는데, 수노 덕분에 내 아이디어를 실제로 구현하고 친구들에게 들려줄 수 있게 되었다"고 말하며, 수노가 음악적 자아를 실현하는 통로가 되었음을 증언했다.

수노의 기술적 배경과 구조

수노의 탁월한 성능은 최첨단 AI 모델 아키텍처와 방대한 데이터 학습에 기반한다. 수노의 핵심 기술은 트랜스포머 기반의 모델에 있는 것으로 보고 있다. 이는 언어 모델인 GPT와 유사한 구조로, 문맥을 파악해 다음 단어를 예측하듯 음악의 패턴과 구조를 학습한다. 특히, 수노는 오디오 데이터를 직접 처리하는 End-to-End 방식(단일 시스템)을 채택했을 가능성이 높다. 이는 악보 데이터(MIDI)를 변환하는 과정 없이, 실제 음성 및 악기 소리의 파형 자체를 분석하고 생성하기 때문에 훨씬 자연스럽고 고품질의 결과물을 얻을 수 있다.

수노의 CEO 마이키 슐만(Mikey Shulman)은 수노에 대해 "수많은 음악과 음성 데이터를 사용하여 모델을 학습시켰다"고 했는데('Generative Now' 팟캐스트, 2025년 2월 마이키 슐만의 인터뷰), 이는 초거대 모델을 활용했다는 의미다. 그는 "오디오는 다루기 까다롭고 제대로 정리되어 있지 않다"며, 이 데이터를 정제하고 조직화하는 데 많은 노력을 기울였다고 밝혔다('Barrchives' 팟캐스트, 2025년 1월 마이키 슐만의 인터뷰). 이는 수노가 단순히 패턴을 조합하는 것을 넘어, 음악적 문법을 스스로 터득하고 새로운 곡을 창조해 낼 수 있음을 시사한다.

수노의 기술은 방대한 양의 음악 데이터 학습에서 나온다. 어떤 데이터 세트를 사용했는지 정확히 공개되지는 않았지만, 다양한 장르의 음악, 보컬, 악기 소리, 그리고 가사 데이터까지 포괄적으로 학습했을 것으로 추측된다. 특히, 가사와 보컬의 뉘앙스를 매칭시키는 기술은 가사와 멜로디가 함께 있는 대량의 음원 데이터를 학습하여 노래의 분위기, 감정, 스타일을 정확히 이해하고 표현하는 능력을 길렀을 것이다. 이러한 학습 과정 덕분에 '행복한 분위기의 발라드'와 같이 추상적인 개념도 음악으로 변환할 수 있게 된다.

수노의 빠른 음악 생성 속도는 사용자 경험을 극대화하는 중요한 요소다. 이는 단순히 모델의 성능이 좋기 때문만은 아니다. 효율적인 모델 구조와 최적화된 컴퓨팅

인프라를 통해 프롬프트 입력과 동시에 결과물을 빠르게 스트리밍하는 기술이 적용되었을 가능성이 높다. 업계 전문가들은 수노가 '스트리밍 기반 생성 기술'을 사용해 사용자에게 즉각적인 피드백을 제공한다고 분석한다(The Verge: 2024년 3월에 발행된 기사 "A ChatGPT for Music Is Here: Inside 수노, the Startup Changing Everything"). 이는 마치 AI가 곡을 처음부터 끝까지 완성한 후 보여주는 것이 아니라, 실시간으로 한 소절씩 생성하면서 사용자에게 미리 들려주는 방식이다. 이로써 사용자는 아이디어가 떠오른 즉시 음악을 만들고 수정하며 창작 과정을 더욱 즐길 수 있다.

음악 산업의 새로운 변화

수노는 단순히 기술적 도구를 넘어, 음악 산업 전반에 혁명적인 변화를 가져오고 있다. 이 변화의 물결은 현재진행형이며, 새로운 기회와 도전 과제들을 동시에 제시하고 있다. 과거에는 스튜디오, 전문가, 자본이 있어야만 가능했던 음악 제작이 이제 누구나 할 수 있는 일이 되었다. 수노는 '1인 밴드' 시대를 열었으며, 개인 창작자들은 자신의 생각과 감정을 음악으로 자유롭게 표현하고 유튜브, 틱톡 등 다양한 플랫폼을 통해 대중과 소통할 수 있게 되었다.

틱톡 크리에이터는 자신의 일상 브이로그 영상에 수노로 만든 맞춤형 배경 음악을 사용해 콘텐츠의 몰입도를 높였다. 그녀는 "수노 덕분에 억지로 유행하는 BGM을 쓸 필요 없이 내 영상에 딱 맞는 분위기를 만들 수 있었다"고 말한다. 아마추어 작가는 자신의 소설에 등장하는 주요 장면들의 감정을 표현하기 위해 수노로 BGM을 만들어 오디오북에 삽입했다. 이는 독자들에게 새로운 형태의 독서 경험을 제공하며 좋은 반응을 얻었다. 이처럼 수노는 음악 시장의 다양성을 확장하고, 음악적 재능이 없는 사람도 창작의 즐거움을 경험하게 하는 토대가 되고 있다.

기존 뮤지션들의 새로운 도구

수노는 기존 전문 뮤지션들에게도 강력한 창작 도구가 된다. 곡의 초안을 만들거나, 막혔던 작곡 아이디어를 얻거나, 다양한 장르의 데모 버전을 빠르게 제작하는 데 활용될 수 있다. ChrisUnlocksAI라는 유튜버는 전문 작곡가로서 수노를 활용해 작곡 막힘(writer's block)을 해결하고, 기본 코드만으로 완성된 곡을 만드는 과정을 보여 준다(유튜브 'Master Songwriting Faster Using 수노

AI'). 보컬 멜로디와 코러스 부분을 AI로 미리 구현해 본 후, 실제 편곡 작업에 들어갔다고 한다. 또 다른 작곡가는 "과거에는 한 곡의 데모를 만드는데 며칠씩 걸렸지만, 수노를 활용하면 텍스트 몇 줄만으로 아이디어를 1분 만에 확인할 수 있다"며, 수노가 창의적인 부분에 더 집중할 수 있도록 돕는다고 말한다.

참여형 음악 소비와 새로운 비즈니스 모델

과거의 음악은 듣고 즐기는 '수동적 소비'에 머물렀다. 하지만 이제 사용자는 직접 음악을 만들고, 공유하고, 변형하는 '능동적 참여자'가 되었다. 수노는 음악에 대한 대중의 참여도를 높여, 음악을 더 이상 '듣는 것'이 아닌 '경험하는 것'으로 만들었다. 수노는 자체 웹사이트 내에 사용자들이 만든 음악을 공유하고 '좋아요'를 누르는 커뮤니티 기능을 활성화했다. 이는 단순히 듣는 것을 넘어, 다른 사람들의 창작물을 즐기고 영감을 얻는 새로운 형태의 '음악 플랫폼'으로 진화하고 있음을 보여준다.

수노의 기술은 다양한 산업과의 융합을 통해 새로운 비즈니스 모델을 창출한다. 한 중소기업은 수노를 활용해 저렴한 비용으로 자사의 브랜드 아이덴티티에 맞는 광고 음악을 제작했다. AI가 수십 개의 후보군을 빠르게 생성하여, 비용과 시간을 획기적으로 절약할 수 있었다. 인디 게임 개발자들은 수노로 게임의 각 스테이지에 맞는 BGM을 직접 만들어 삽입하고 있다. 이는 게임의 개성을 살리고 개발 비용을 절감하는 효과를 낳고 있다.

수노는 음악 산업의 미래를 재편하고 있으며, 인간과 AI가 협력하여 음악의 새로운 가능성을 열어가는 시대가 이미 시작되었음을 보여준다.

04
수노 창작 음악의 특성

AI 음악 생성기 수노는 텍스트 기반의 간단한 명령어만으로도 완성도 높은 음악을 제작할 수 있게 하며, 작곡 과정에서 요구되던 전문지식이나 훈련 없이도 누구나 음악 창작에 참여할 수 있도록 한다. 이 장에서는 수노가 갖는 기술 기반의 창작 방식을 알아보고, 음악적 결과물의 미학적 특징을 살펴본다.

예술의 역사는 언제나 창작 주체의 정체성과 긴밀하게 얽혀 있었다. 르네상스의 화가가 신의 모방자에서 자율적 예술가로 부상했듯, 음악의 세계에서도 작곡가는 '창조적 영감'이라는 신화를 떠받치는 중심 인물이 되어 왔다. 그러나 인공지능이 음악을 생산하는 오늘, 우리는 익숙하지 않은 변화의 순간에 서 있다. AI 음악 생성기 수노는 전통적인 의미의 작곡가를 대체하지는 않지만, 작곡 행위가 더 이상 인간 개인의 고유한 내적 영감에만 의존하지 않음을 분명히 보여준다.

사용자는 이제 단 몇 마디의 언어적 지시, 곧 프롬프트를 통해 곡의 방향을 제안한다. 이후의 실제 작곡은 통계적 확률과 패턴 인식에 기반한 알고리즘이 담당한다. 알고리즘 작곡은 방대한 데이터에서 규칙을 추출하고, 이를 확률적으로 조합함으로써 새로운 음악을 만들어 낸다(박철홍, 1998). 인간이 선율을 흥얼거리며 오선지에 음표를 새기던 순간은, 거대한 데이터의 심층 신경망이 계산하는 예측 가능한 생성으로 대체되는 것이다. 창작은 더 이상 작곡가라는 한 사람의 손끝에서 발생하지 않는다. 오히려 인간과 기계의 협력적 의사소통 속에서 다층적으로 구성된다.

이러한 변화는 창작의 권한을 분산시킨다. 수노가 생

성한 음악은 그 자체로 완결된 작품이면서도, 동시에 누구나 접근 가능한 '창작의 토대'가 된다. 악기를 다루지 못하는 이도, 정통 음악 교육을 받지 못한 이도 이제는 손쉽게 음악을 만들어 낼 수 있다. 창작은 특정 계급이나 전문가의 전유물이 아니라, 디지털 기술을 매개로 한 보편적 경험으로 확장되는 것이다(이지원, 2019). 이는 음악 예술을 둘러싼 권력 구조를 재편하며, 창작 주체의 개념을 다시 사유하게 만든다.

결국 수노가 보여주는 가장 중요한 특성은, '누가 음악을 만드는가'라는 질문을 새롭게 제기한다는 점이다. 더 이상 창작은 오직 인간의 내면에서 솟아나는 초월적 영감으로 설명될 수 없다. 오히려 그것은 인간과 기계, 언어와 알고리즘, 데이터와 감성이 얽힌 복합적 과정 속에서 탄생한다. 수노는 이처럼 창작의 주체를 해체하면서도, 동시에 새로운 공동 창작의 주체를 탄생시키는 핵심적인 매개체다.

기술 기반의 창작 특성과 방식

수노의 음악 생성은 무엇보다 데이터와 알고리즘이라는 기술적 기반 위에서 이루어진다. 인간의 창작이 직관과 감각의 흐름 속에서 패턴을 직조한다면, 수노의 창작은 방대한 음악 데이터 속에 숨어 있는 규칙을 기계적으로 탐색하고, 이를 확률적 예측을 통해 재조합하는 과정이다. 여기서 핵심은 신경망 모델이다. 수노는 수많은 음원의 음정, 화성, 리듬, 가사, 장르적 특징을 학습한 뒤, 특정 상황에서 어떤 음이 뒤따를 가능성이 높은지를 계산한다. 이 과정은 표면적으로는 단순한 수학적 확률 계산이지만, 결과적으로는 음악이라는 감각적 산물로 귀결된다. 즉, 감각을 기반으로 한 예술이 수학적 연산으로 번역되는 순간이 바로 수노의 기술적 층위에서 일어난다. 또한 수노의 생성 방식은 결정론적이지 않고 확률적이라는 점에서 중요하다. 같은 지시어를 주더라도 매번 다른 곡이 만들어지는 이유는, 모델이 매번 새로운 확률적 선택을 수행하기 때문이다. 이는 음악을 단일한 결과물로 환원하지 않고, 끊임없이 변주될 수 있는 열린 과정으로 만들어 낸다. 여기서 기술은 단순한 재현이 아니라 무한한 가능성을 품은 생성의 기제가 된다.

마지막으로, 수노의 기술적 창작은 텍스트와 사운드의 변환을 전제로 한 직관적인 창작 방식을 제공한다. 사용자는 자신이 만들고자 하는 음악의 장르, 스타일, 감정 등을 프롬프트 형태로 입력할 수 있다. 수노는 문자 그대로의 텍스트를 받아들여 적절한 음악을 즉각적으로 생성해 낸다. 텍스트를 입력하는 공간은 'Song description'이다. 이 공간의 상단에는 생성하고자 하는 작품이 기악곡인지 성악곡인지를 묻는 'Instrumental'의 옵션이 있다. 만일 사용자가 성악곡이 아닌 기악곡을 생성하고 싶다면, 그 옵션을 클릭하면 된다. 이러한 모든 창작 과정은 수노가 생성해 주는 자동 가사 생성, 장르의 추천 옵션들을 통해 단순하게 이루어질 수 있다.

그러나 사용자가 자신이 생성하고자 하는 음악에 대한 기준이 명료하고 구체적이라면, 화면에 제시되어 있는 'Custom'을 클릭한 뒤 음악의 세부 요소에 대한 설정을 각각 다르게 입력할 수 있다. 수노의 'Custom'이 사용자에게 요구하는 입력값은 총 세 가지이며, 이는 각각 '가사(Lyrics)', '음악적 스타일(Style of Music)', '제목(Title)'이다. 가사의 항목에는 두 가지의 옵션이 있다. 이는 인공지능의 도움을 받아 무작위의 가사를 생성하는 것, 그리고 사용자가 직접 가사를 쓰는 것이다. 음악적 스타일과 주제 또한 인공지능이 해당 가사와 어울릴 만한 음악의 스타일과 주제를 제공하거나 사용자가 직접 입력하는 방식이 제공된다.

이처럼 수노의 창작은 '프롬프트'라는 언어적 단서를 필요로 한다. 예를 들어, 사용자가 '몽환적인 발라드', '격정적인 오케스트라'와 같은 지시를 내리면, 수노는 이를 음악적 특성으로 변환한다. 이때, 텍스트와 소리가 맞닿는 접점에서 흥미로운 전환이 일어난다. 즉, 언어는 더 이상 단순한 설명의 도구가 아니라, 소리를 불러내는 기호로서 기능한다. 이는 고대 주술사의 노래가 말과 음악을 구분하지 않았던 방식과 묘하게 겹쳐진다. 다시 말해, 수노의 창작은 그렇게 현대의 알고리즘을 통해 언어와 음악의 원초적 결합을 다시 불러낸다.

위와 같은 창작 방식은 근본적으로 확률적 과정에 기반한다. 따라서 얼핏 기계적이고 비인간적으로 보일 수 있다. 하지만 곰곰이 들여다보면, 이 방식은 단순한 모방을 넘어서는 성격을 지닌다. 이는 인간이 수세기 동안 축적해 온 음악적 경험과 규칙을 거대한 데이터의 형태로 응축하여, 알고리즘이라는 새로운 언어로 재구성하는 과정이다. 다시 말해, 수노는 인간의 기억과 전통을 '계산 가능한 패턴'으로 번역하는 거대한 인문학적 실험장이기도 하다.

그 핵심에는 확률과 패턴의 미학이 존재한다. 인간이 작곡할 때 의식적으로든 무의식적으로든 화성 진행, 리듬의 반복, 선율의 기승전결과 같은 규칙을 따른다. 수노는 이 규칙들을 수많은 데이터 속에서 탐지하고, 그 통계적 연관성을 바탕으로 음악을 산출한다. 이는 인간 창작이 '영감'이라는 언어로 설명되어 왔던 부분을, '예측과 조합'이라는 계산적 논리로 치환하는 작업이다. 기술적 수준에서 보면 기계는 단순히 확률적 선택을 반복할 뿐이지만, 인문학적 관점에서 보면 이는 인간 창작의 이면에 숨어 있던 규칙성과 집단적 기억을 드러내는 행위이기도 하다.

수노의 음악

서양 음악의 음악적 가치는 통일성과 형식적 완결성, 그리고 긴장과 해소의 논리 속에서 규정되어 왔다. 하이든과 모차르트, 베토벤으로 이어지는 고전적 양식은 주제의 제시와 발전, 대립과 조화의 원리를 기반으로 음악을 구축하였으며, 그 속에서 청자는 논리적 질서와 미적 균형을 경험하였다. 이러한 맥락에서 고전 음악은 형식 미학의 정점으로 평가되어 왔다(Taruskin, 2005).

그러나 수노의 음악은 이러한 가치와는 다른 지점을 드러낸다. 우선 형식적 구조에서, 수노는 종종 단순하고 반복적인 패턴을 산출한다. 이는 고전적 의미의 대위적 치밀성이나 주제 발전의 논리에 비해 다소 느슨하게 느껴진다. 하지만 리듬 차원에서는 오히려 복잡하고 다채로운 패턴이 나타나며, 순간적 긴장과 해소를 만들어 낸다. 이와 같은 대비는 곧 인공지능 음악이 구조적 응집력보다는 표면적 다양성과 자극에 기초한다는 사실을 보여준다.

또한 수노의 음악은 예측 불가능성과 즉흥성을 중요한 특성으로 지닌다. 동일한 프롬프트로도 매번 다른 결과물이 산출되는 것은 고전적 음악이 지향한 반복 속의 변증법적 일관성과는 대조적이다. 고전적 가치가 하나의 완결된 작품 속에서 질서와 조화를 구현하는 데 초점을 두었다면, 수노의 음악은 열린 과정, 무수한 변주 가능성 속에서 의미를 드러낸다.

이러한 차이는 가사와 의미의 차원에서도 발견된다. 고전적 예술은 창작자의 체험과 감정을 표현하는 진정성을 중시했지만, 수노의 가사는 데이터와 확률의 계산을 통해 생성된다. 그럼에도 불구하고 청자는 그 속에서 여전히 인간적 감정을 읽어내고 의미를 부여한다. 이는 음악의 의미가 반드시 창작자의 내적 진정성에서만 비롯되는 것이 아니라, 언어와 청자의 해석적 상호작용 속에서도 생성될 수 있음을 보여준다.

따라서 수노의 음악은 서양 고전 음악의 전통적 가치와 비교할 때 형식적 긴밀성이나 통일성에서는 부족함을 드러낼 수 있다. 그러나 동시에 그것은 다양성, 즉흥성, 개방성이라는 새로운 가치를 제시한다. 고전 음악이 미학적 절대성과 완결성을 추구했다면, 인공지능 음악은 불확정성과 혼종성 속에서 현대 사회의 감각에 어울리는 또 다른 미학을 구현한다.

결국 수노의 음악은 고전적 가치와 다른 지점을 드러내지만, 그것이 단순한 결핍을 의미하지는 않는다. 오히려 이는 음악이 시대와 맥락에 따라 재구성되는 가치를 지닌 예술임을 웅변한다. 고전적 형식미가 절대적 기준이 될 수 없는 오늘, 수노의 음악은 전통적 가치와의 대비 속에서 새로운 음악적 지평을 열고 있으며, 이는 예술과 기술이 만나는 시대가 제기하는 중요한 철학적 과제라 할 수 있다.

참고문헌

박철홍(1998). 《컴퓨터음악의 이해》. 세종출판사(이길안).

이지원(2019). 《인공지능과 음악》. 처음북스(CheomBooks).

Taruskin, R.(2005). *Oxford history of western music*. Oxford University Press.

05
수노로 음악 만들기

이 가이드는 수노를 사용해 직접 음악을 만드는 구체적인 방법과 유용한 팁을 단계별로 안내한다. 음악적 지식이 없더라도 괜찮다. 여러분의 아이디어를 소리로 구현하는 흥미진진한 여정을 시작해 보자.

1단계: 수노 시작하기

수노를 통해 음악을 만드는 첫걸음은 웹사이트에 접속하는 것이다. 웹 브라우저를 열고 수노 AI의 공식 웹사이트로 이동한다. 구글이나 Discord 계정으로 간편하게 로그인하거나 새로운 계정을 만들어 시작할 수 있다. 로그인 후, 화면 좌측 상단 또는 중앙에 위치한 'Create' 탭을 클릭한다. 이곳이 바로 여러분의 음악적 상상이 현실이 되는 시작이다.

2단계: 프롬프트 작성 기술

음악 생성의 핵심은 수노에게 어떤 음악을 만들고 싶은지 정확하게 전달하는 프롬프트에 있다. 프롬프트는 사용자가 작성하는 명령이다(명령을 작성하는 빈칸들이 있다). 프롬프트가 구체적이고 명확할수록 원하는 결과물을 얻을 가능성이 커진다.

Custom Mode 활성화

사용자가 세부적인 제어를 하기 위해 'Custom Mode'를 활성화하는 것이 좋다. 이 모드를 통해 음악의 장르, 분위기, 가사 등을 직접 지정할 수 있다.

음악 스타일 지정(Style of Music)

원하는 음악의 스타일을 자세히 설명한다.

장르: 팝, 록, 발라드, 힙합, 일렉트로닉, 재즈, 클래식, R&B 등 원하는 장르를 명확하게 언급한다.

분위기: 신나는, 잔잔한, 슬픈, 몽환적인, 웅장한, 경쾌한 등 음악이 전달하길 바라는 전반적인 분위기를 설명한다.

악기: 피아노, 기타, 드럼, 신디사이저, 현악기, 플루트 등 사용하고 싶은 악기를 지정할 수 있다.

예시) "경쾌한 팝 댄스곡, 밝은 신디사이저 사운드, 통통 튀는 드럼 비트" 또는 "잔잔한 피아노 발라드, 슬픈 바이올린 선율"과 같이 구체적으로 작성한다.

가사 작성(Lyrics)

만들고 싶은 음악의 가사를 직접 입력할 수 있다. 한글, 영어 모두 지원하며 내용이 구체적일수록 좋다. 만약 가사가 떠오르지 않는다면 'Generate Lyrics' 버튼을 클릭하여 가사를 생성하게 할 수 있다. 이 경우, 가사의 주제나 전반적인 분위기를 프롬프트에 추가하는 것이 좋다.

팁: [Verse 1], [Chorus], [Bridge], [Outro] 등 가사의 구조를 명시하면 수노가 더 체계적인 곡을 만들어 낸다. 가

사 내용과 어울리는 음악적 지시를 괄호 안에 넣어줄 수도 있다. 예) "[밝고 경쾌하게] [오늘도 즐거운 하루!]."

3단계: 음악 생성과 편집

프롬프트 작성을 마쳤다면 이제 수노의 마법이 시작된다. 'Create' 버튼을 클릭하면 수노는 보통 두 가지 버전의 음악을 생성하여 제공한다. 생성된 음악을 들어보고 여러분의 의도에 얼마나 부합하는지 확인한다.

곡 이어붙이기

마음에 드는 부분이 있다면 해당 트랙 하단의 'Continue from this song' 버튼을 클릭하여 음악을 이어서 생성할 수 있다. 이는 더 긴 곡을 만들거나 특정 구간을 확장하고 싶을 때 매우 유용하다. 생성된 여러 클립을 하나의 완성된 곡으로 만들고 싶다면 'Get whole song' 버튼을 클릭한다.

재생성

만족스러운 결과가 나오지 않았다면 Remix를 눌러 프롬프트를 조금 수정하거나 다시 'Create' 버튼을 클릭하여 새로운 결과물을 생성한다. 꾸준히 시도하는 것이 좋은 결과물을 얻는 비결이다.

4단계: 생성된 음악 보완하기

수노가 만들어준 음악은 훌륭한 시작점이 될 수 있지만, 때로는 더 완벽하고 개성 있는 사운드를 위해 추가적인 보완 작업이 필요하다.

수노 내에서 보완

프롬프트 미세 조정: 가사의 특정 부분이 어색하거나 분위기와 맞지 않는다면 해당 부분을 직접 수정하거나, AI에게 재작성을 요청할 수 있다. "Verse는 좀 더 잔잔하게", "Chorus는 더 웅장하게"와 같이 특정 구간의 스타일을 구체적으로 지시하여 다시 생성할 수도 있다.

외부 도구 활용: 수노에서 다운로드한 음악 파일(일반적으로 MP3 또는 WAV 형식)은 외부 오디오 편집 소프트웨어(DAW-Digital Audio Workstation)를 통해 더욱 정교하게 다듬을 수 있다.

음량 조절 및 믹싱: 각 악기 트랙이나 보컬의 음량을 조절하여 전체적인 밸런스를 맞춘다.

이펙트 추가: 리버브(Reverb), 딜레이(Delay), 이퀄라이저(EQ), 컴프레서(Compressor) 등을 사용하여 소리

에 공간감을 주거나 질감을 변경할 수 있다.

보컬/악기 추가: 수노의 AI 보컬이 마음에 들지 않거나, 특정 파트를 직접 부르고 싶다면 DAW에서 녹음하여 삽입할 수 있다. 실제 악기 연주를 녹음하여 추가함으로써 곡의 풍성함과 독창성을 더할 수도 있다.

소리 효과(Sound Effects) 삽입: 곡의 특정 분위기를 강조하기 위해 파도 소리, 빗소리, 천둥소리, 새소리 등 다양한 사운드 이펙트를 추가할 수 있다.

5단계: 수노 활용의 심화 팁

수노를 더욱 효과적으로 활용하기 위한 몇 가지 팁을 알려준다.

프롬프트의 구체성

"좋은 음악"보다는 "사랑스러운 느낌의 신디사이저 사운드가 특징인 일렉트로닉 팝"처럼 구체적이고 명확한 단어를 사용할수록 수노가 여러분의 의도를 정확하게 파악한다.

다양한 시도

한 번에 완벽한 결과가 나오지 않을 수도 있다. 다양한 장르, 분위기, 악기 조합을 시도해 보면서 수노가 어떻게 반응하는지 살펴본다.

레퍼런스 활용

좋아하는 아티스트나 특정 곡의 분위기를 프롬프트에 참고할 수 있다(예: "Taylor Swift 스타일의 어쿠스틱 팝").

가사의 중요성

가사는 수노가 보컬 멜로디와 곡의 전반적인 분위기를 형성하는 데 중요한 역할을 한다. 가사 내용과 음악적 분위기가 잘 어우러지도록 작성하는 것이 좋다.

부분 생성 활용

원하는 구간만 반복적으로 생성하여 가장 마음에 드는 부분을 찾은 다음, 이를 이어 붙여 전체 곡을 완성하는 전략도 매우 효과적이다.

저작권 확인

생성된 음악의 저작권 및 사용 범위는 수노의 정책을 따르므로, 상업적 사용을 고려한다면 반드시 미리 확인해야 한다.

06
수노, 교육 현장에서의 활용법

칠판과 분필, 악보와 피아노만으로 음악 수업이 이루어지던 교실은 이제 디지털 화면 속에서 인공지능의 선율을 듣는다. 그 중심에 자리한 것이 바로 수노, 음악을 생성하는 인공지능이다. 그러나 이 기술은 단지 편의를 제공하는 도구에 그치지 않는다. 오히려 그것은 교육의 본질, 즉 '어떻게 배울 것인가'와 '무엇을 창조할 것인가'라는 질문을 다시 던지게 만든다.

AI와 민주주의?

21세기의 음악 교육은 기술 발전과 더불어 새로운 국면을 맞이하고 있다. 과거 음악 수업이 주로 악보 읽기와 연주, 그리고 명곡 감상에 초점을 두었다면, 오늘날의 교육 현장은 점점 더 창작 경험의 확장을 요구받고 있다. 학생들이 단순히 음악을 수용하는 데서 나아가 스스로 창작의 주체로 참여할 수 있도록 돕는 것이 음악 교육의 중요한 과제가 된 것이다(교육부, 2022). 이러한 변화의 중심에는 AI 음악 생성기, 특히 최근 주목받는 수노의 등장이 자리하고 있다.

수노는 단 몇 마디의 언어적 지시만으로도 완결된 곡을 생성해 내며, 학생들에게 즉각적인 창작 경험을 제공한다. 이는 음악 교육의 패러다임을 크게 전환시킨다. 기존에는 오랜 훈련과 전문적 지식을 필요로 했던 창작이 이제 누구에게나 열려 있으며, 학습자는 단순한 감상자나 연주자의 위치를 넘어 능동적 창작자로 변화한다. 나아가 수노의 활용은 학생들이 음악적 개념을 실제 맥락에서 이해하도록 돕고, 협력적 창작 활동을 가능케 하며 비판적 사고를 자극한다. 따라서 이 장에서는 수노가 실제 교육 현장에서 어떻게 활용될 수 있는지를 살펴보고자 한다.

수동적 감상에서 능동적 창작으로

2022 개정 음악과 교육 과정은 '디지털 매체를 활용한 창작'과 '학습자 중심의 능동적 음악 경험'을 핵심 방향으로 제시한다(교육부, 2022). 이는 음악 교육이 단순히 명곡을 감상하거나 악보를 해석하는 단계에 머물지 않고, 학생 스스로가 창작 과정에 참여함으로써 음악의 의미를 삶 속에서 체득하도록 돕는다는 취지를 담고 있다. 다시 말해, 감상의 차원에서 능동적 창작으로 확장되는 경험은 이번 교육 과정의 중요한 기조라 할 수 있다(장근주 외, 2023).

이 맥락에서 수노와 같은 AI 음악 생성기는 그 흐름을 구현하는 효과적인 도구로 기능한다. 학생들은 전처럼 음악을 수동적으로 듣는 데 그치지 않고, 언어적 지시와 선택을 통해 직접 새로운 음악을 생산해 낼 수 있다. 이는 2022 개정 교육 과정이 강조하는 학습자 주도성을 실천하는 구체적 사례라 할 수 있다. 나아가 수노가 생성한 음악을 분석 · 수정하는 과정은 학습자들에게 화성, 리듬, 구조 등 음악적 개념을 능동적으로 탐구할 기회를 제공하며, 이는 곧 음악적 문제 해결력을 함양하는 방향성과도 맞닿아 있다.

또한 이번 교육 과정이 지향하는 창의성과 융합적 사

고의 함양은, 학생들이 인공지능과 협력적으로 창작하면서 더욱 선명하게 드러난다. 학습자는 단순한 청자가 아니라, 새로운 음악을 구상하고 변형하는 창작적 주체로 자리매김하며, 인공지능은 이러한 학습 과정을 매개하는 동반자가 된다. 따라서 수동적 감상에서 능동적 창작으로의 전환은 단순한 수업 방법론의 변화가 아니라, 2022 개정 음악과 교육 과정이 제시한 미래지향적 교육 철학의 실질적 구현이라 할 수 있다.

음악 개념의 체화와 발견

음악 교육에서 '개념'은 언제나 핵심적인 문제였다. 리듬, 선율, 화성, 형식과 같은 요소들은 음악을 이해하는 토대가 되어 왔지만, 실제 수업 현장에서 이 개념들은 종종 추상적 정의나 용어 암기에 머무르는 경우가 많았다. 학생들은 시험을 위해 기호와 규칙을 외웠으나, 음악적 개념이 몸과 감각 속에서 살아 움직이는 경험으로 전환되는 일은 드물었다. 그 결과 음악 개념은 종종 현실적 울림을 잃고, 교실 속 지식의 껍데기로 남아버렸다.

그러나 음악은 본래 소리를 통해 체험되는 예술이며, 인간의 몸과 감각에 깊이 결부된 언어다. 그렇기에 음악 개념을 학습하는 가장 본질적인 방식은 추상적 설명이 아니라 체화다. 체화란 곧 개념이 신체의 경험 속에 스며드는 과정을 의미한다. 리듬을 이해한다는 것은 단순히 "강박과 약박이 교차한다"는 문장을 아는 것이 아니라, 발로 박자를 밟고, 손으로 악기를 두드리며, 몸 전체가 시간의 흐름을 느끼는 경험 속에서 이루어진다. 화성 개념 역시 종이에 적힌 코드 진행을 외우는 데 그치지 않고, 긴장과 해소가 만들어 내는 울림의 흐름을 귀와 심장으로 받아들이는 데서 진정으로 내면화된다.

이때 수노와 같은 AI 음악 생성기는 이러한 체화 과정을 돕는 새로운 매개체가 된다. 학생들은 인공지능이 즉각적으로 만들어 내는 음악을 들으며, 리듬과 화성, 선율의 패턴을 감각적으로 경험할 수 있다. 예를 들어, 특정한 화성 진행을 입력해 결과물을 들려주고, 그 위에 몸으로 리듬을 맞추며 노래하거나 변형된 버전을 반복해서 실험하는 과정은 개념을 머리로 이해하는 것을 넘어, 귀와 몸으로 새기는 배움의 장이 된다. 생성된 음악을 따라 부르고 변형하면서 학생은 어느 순간 교과서의 정의가 아니라 살아 있는 체험으로서의 개념을 획득한다.

그러나 체화만으로는 충분하지 않다. 음악 개념은 동시에 '발견'의 성격을 지닌다. 단순히 주어진 지식을 받아들이는 것이 아니라, 학습자가 탐구와 실험 속에서 스스로 의미를 찾아내는 과정에서 개념은 더 강력하게 자리 잡는다. 브루너가 《교육의 과정(The Process of Education)》에서 강조했듯이 지식은 전수되는 것이 아니라, 탐구 속에서 발견될 때 비로소 학습자의 것이 된다(Bruner, 1960). 수노의 창작 환경은 학생들이 바로 이러한 발견을 경험할 수 있도록 열어준다. 입력 조건을 바꾸어 가며 생성된 음악을 비교하는 과정에서 학생은 스스로 질문을 던지고 답을 찾아간다. 어떤 리듬이 긴장감을 주는지, 어떤 화성이 안정감을 주는지, 전통적인 이론서에서 읽었던 개념들을 실제 소리 속에서 발견하게 되는 것이다.

체화와 발견은 따로 떨어진 과정이 아니라 서로 맞물려 돌아가는 두 축이다. 신체적 경험을 통해 개념이 몸에 새겨질 때, 발견은 그 경험 속에서 의미를 구성하는 방식으로 작동한다. 반대로, 발견을 통해 스스로 찾아낸 의미는 체화된 경험 속에서 더욱 굳건히 자리 잡는다. 학생이 AI가 만들어 낸 리듬을 따라 부르며 체화하는 동시에, 변형된 리듬들을 비교하면서 리듬의 성격을 발견하는 순간, 개념은 단순한 용어가 아니라 학습자 자신의 세계 속에서 살아 있는 지식이 된다.

이러한 과정은 단순히 교수법의 변화에 그치지 않고,

인문학적 함의를 지닌다. 음악 개념의 체화와 발견은 음악을 인간의 삶과 분리된 추상적 규칙이 아니라, 몸과 감각 속에 살아 숨 쉬는 언어로 되돌려준다. 동시에 학습자가 개념을 스스로 발견한다는 경험은 음악을 외부에서 주어진 지식이 아니라, 자신이 세계와 관계 맺는 가운데 생성해 낸 의미로 자리매김하게 한다.

따라서 수노를 비롯한 AI 음악 생성기의 활용은 음악 개념을 가르치는 방식의 전환점을 마련한다. 그것은 단순히 새로운 도구의 도입이 아니라, 음악 교육의 본질을 재사유하게 만든다. 개념은 이제 더 이상 시험을 위한 암기의 대상이 아니라, 체험 속에서 체화되고 탐구 속에서 발견되는 살아 있는 지식으로 이해된다. 그리고 이 과정 속에서 학생들은 음악을 통해 자기 자신을 새롭게 인식하며, 예술을 통한 인간 형성이라는 음악 교육의 궁극적 목적에 다가서게 된다.

교사의 역할은 기술자가 아닌 동행자

전통적인 음악 수업은 합창이나 합주를 통해 협업을 강조해 왔다. 그러나 그 과정은 때로 기술적 숙련도의 차이에 따라 불평등하게 작동하기도 했다. 악보를 읽을 줄 아는 학생과 그렇지 못한 학생, 악기를 다루는 경험이 풍부

한 학생과 그렇지 못한 학생 사이에는 자연스러운 격차가 발생했다.

수노는 이러한 불균형을 해소할 수 있는 가능성을 제공한다. 누구나 동일한 출발점에서 음악을 생성할 수 있으며, 인공지능이 만들어 낸 결과물을 기반으로 함께 작업할 수 있기 때문이다. 학생들은 인공지능이 생성한 멜로디에 새로운 화성을 입히거나, 가사를 붙이고 편곡하는 활동을 통해 협업의 경험을 나눈다.

이러한 협업은 단순히 결과물을 완성하는 것을 넘어, 상호작용적 학습의 장을 형성한다. 학생들은 서로의 아이디어를 존중하며, 그 과정에서 자신이 미처 생각하지 못했던 음악적 가능성을 발견한다. 음악은 개인의 창작물이면서 동시에 공동체적 경험의 산물이 된다.

더 나아가 교실은 '완성된 음악을 평가하는 공간'에서 '함께 음악을 생성하고 나누는 문화적 실험실'로 변모한다. 이는 음악 교육이 지향하는 공동체적 감수성과 문화적 소통 능력을 강화하며, 학습자들이 예술적 활동을 통해 사회적 관계망을 확장하는 데 기여한다. 수노는 단순한 기술적 도구가 아니라, 교육 현장을 협력과 창의의 장으로 만드는 매개체가 된다.

참고문헌

교육부(2022). "2022 개정 음악과 교육과정". 교육부 고시 제2022-33호[별책 12].

장근주 외(2023). 《2022 개정 교육과정을 적용한 음악과 교수·학습 및 평가》. 어가.

Bruner, J. S.(1960). *The process of education*. Harvard University Press.

07
수노, 음악 교육 커리큘럼에서의 통합

음악 교육의 오래된 풍경은 익숙하다. 피아노 앞에 앉은 교사, 칠판에 적힌 오선보, 그리고 반복되는 계이름 연습. 그러나 이제 그 풍경 위에 새로운 장치가 하나 등장했다. 이름은 수노. 손가락 한 번 움직이면 음악이 생성되는, 낯설고도 매혹적인 존재. 그리고 우리는 질문 앞에 선다. 이 기술을 교실에 들여놓아도 좋은가? 아니, 어떻게 들여놓아야 할 것인가?

AI와 애니메이션?

인류의 역사에서 음악은 늘 기술의 발달과 함께 새로운 전환점을 맞이해 왔다. 종이 악보의 발명은 구전 전통을 기록 문화로 바꾸어 놓았고, 전기 녹음기의 등장은 음악을 시간과 공간의 제약으로부터 해방시켰다. 디지털 시대에 들어서면서 음악은 더 이상 물리적 매체에만 머물지 않고, 데이터와 알고리즘을 통해 생성되고 변형되며, 새로운 감각의 장을 열고 있다. 이러한 흐름 속에서 최근 등장한 AI 음악 생성기 수노는 음악 창작과 교육의 장에 낯설고도 매혹적인 질문을 던지고 있다. 과연 음악 교육 현장은 이 새로운 도구를 어떻게 받아들이고, 또 어떤 방식으로 통합할 수 있을까?

음악 교육은 단순히 악보를 해석하거나 연주 기술을 익히는 것을 넘어, 인간의 정서와 사유를 음악적 형태로 표현하는 능력을 기르는 데 본질적 의미를 두고 있다. 그러나 오늘날 학생들은 디지털 환경에 익숙하며, 음악 또한 더 이상 전통적 악보와 악기만을 통해 경험되지 않는다. 스마트폰 앱에서 즉흥적으로 곡을 만들고, 온라인 플랫폼에서 알고리즘이 추천하는 음악을 감상하며, 심지어 인공지능이 생성한 노래를 일상적으로 소비하는 세대가 교실에 앉아 있다. 이러한 세대에게 음악 교육이 여전히 과거의 패러다임에 머무른다면, 교육의 설득력은 점차 약화될 수밖에 없다. 따라서 음악 교육 커리큘럼은 디지털 시대의 감각을 반영하고, 기술을 창의적 사유와 연결시키는 방향으로 확장될 필요가 있다(장근주 외, 2023).

수노의 등장은 바로 이러한 요구와 맞닿아 있다. 수노는 전문적인 작곡 지식이 없는 학습자조차 몇 가지 간단한 지시문만으로 곡을 완성할 수 있게 한다. 이는 곧 음악적 창작의 문턱을 낮추는 동시에, 학생들이 '작곡가로서의 자기 자신'을 실험할 수 있는 기회를 넓힌다. 교육적 관점에서 이는 두 가지 함의를 가진다. 하나는 창작 과정이 특정한 엘리트의 전유물이 아닌, 누구나 접근 가능한 민주적 장이 된다는 점이다. 다른 하나는 인공지능이 제공하는 즉각적 결과물을 비판적으로 분석하고, 음악 개념을 실제로 적용·검증할 수 있는 새로운 학습 맥락이 열린다는 점이다.

그렇다고 해서 수노가 음악 교육의 전통적 가치를 대체하는 것은 아니다. 오히려 그것은 새로운 교육적 매개체로서, 기존 음악 교육의 지평을 확장하는 도구가 될 수 있다. 예컨대 학생들은 수노를 통해 생성된 음악을 분석하며 화성, 형식, 리듬과 같은 음악 이론의 원리를 탐구할 수 있고, 나아가 인공지능의 창작 방식을 인간의 창의성과 비교하며 음악적 사고의 본질을 성찰할 수도 있다. 이는 곧 음악 교육이 단순한 기술 습득을 넘어, 디지털 시대의 음악적 존재 방식을 철학적으로 사유하는 장으로 발전할 수 있음을 보여준다.

기술은 교육을 위협하는가, 확장하는가

오늘날 인공지능, 특히 음악 생성기 수노의 등장은 과거와 유사한 질문을 다시금 우리 앞에 놓는다. "기술은 교육을 위협하는가, 아니면 확장하는가?" 이 질문은 단순히 도구의 효용을 넘어, 인간이 음악을 어떻게 배우고 창작하며, 또 그것을 통해 자신과 세계를 이해하는가에 관한 근본적인 성찰을 요구한다.

우선 기술은 분명히 교육을 위협하는 요소를 품고 있다. 인공지능이 학생들을 대신해 음악을 '만들어 낸다'면, 학생들은 창작의 수고와 시행착오를 경험할 기회를 잃을 수 있다. 결과물이 쉽게 주어지는 세계에서, 창작의 과정 자체가 지닌 고통과 환희, 그리고 그 속에서 피어나는 내적 성장의 가치는 약화될 위험이 있다. 교육은 원래 정답이 빠르게 주어지지 않는 지연된 과정 속에서, 인내와 자기 발견을 통해 성숙을 이끌어 낸다. 그러나 인공지능이 제공하는 즉각적 결과물은 이 시간을 단축시

키며, 교육의 깊이를 위협할 수 있다.

또한 기술의 의존성은 학생들로 하여금 스스로의 능력을 과소평가하게 만들 위험이 있다. '내가 만든 음악'이 아니라 '기계가 만든 음악'이라는 인식이 학습자의 자율성과 주체성을 약화시킬 수 있으며, 교육의 목표인 자기 정체성의 확립과도 충돌할 수 있다(Selwyn, 2021).

그러나 다른 한편에서 기술은 교육의 지평을 확장하는 힘을 지니고 있다. 수노가 만들어 내는 음악은 완성된 산물 그 자체로서가 아니라, 오히려 학습을 위한 새로운 출발점이 될 수 있다. 학생들은 수노가 생성한 음악을 분석하며 화성, 리듬, 형식 등 음악적 개념을 구체적으로 확인할 수 있다. 이는 마치 현미경을 통해 세포의 구조를 들여다보듯, 음악의 내적 질서를 탐구할 수 있는 새로운 장치를 제공한다.

또한 인공지능은 학생들에게 '작곡가로서의 자기 자신'을 실험할 수 있는 민주적 장을 연다. 과거에는 음악 창작이 특정한 지식과 훈련을 요구하는 고도의 영역이었다면, 이제 누구든지 간단한 지시문만으로 곡을 만들어 낼 수 있다. 이는 곧 음악 교육을 엘리트의 전유물에서 해방시키고, 모든 학생이 창작을 통해 자기표현의 기쁨을 경험할 수 있도록 확장한다. 창작의 문턱이 낮아진다는 것은 교육적 측면에서 곧 '참여의 기회가 넓어진다'는 것을 의미한다.

무엇보다도 인공지능의 창작은 인간 창작의 본질을 성찰할 수 있는 새로운 거울이 된다. 학생들은 기계가 만든 음악을 듣고, 그 안에서 인간의 음악과 무엇이 닮고 무엇이 다른지를 질문할 수 있다. 이는 음악 교육을 단순한 기술 훈련의 차원을 넘어, '음악이란 무엇인가'라는 인문학적 성찰의 장으로 이끌어간다. 인공지능이 만든 음악은 결국 인간의 창의성에 대한 질문을 다시 던지며, 그 질문 속에서 교육은 확장된다.

결국 기술은 교육을 위협하는가, 확장하는가? 라는 질문은 어느 한쪽의 답으로 귀결되지 않는다. 그것은 위협이자 동시에 확장이다. 기술이 제공하는 즉각성과 편리함은 교육의 과정적 가치를 약화시킬 수 있지만, 동시에 그 즉각성이야말로 새로운 학습의 장을 열어줄 수 있다. 중요한 것은 기술을 어떻게 '사용'하느냐가 아니라, 그것을 교육적 맥락 속에서 어떻게 '해석'하고 '위치 짓느냐'다.

교사는 더 이상 지식의 유일한 전달자가 아니라, 기술이 제공하는 무수한 가능성을 비판적으로 성찰하게 하는 안내자이자 동반자가 되어야 한다. 학생들은 단순히 기계가 만든 결과물에 머무르지 않고, 그 결과물을 통해 음악적 개념을 탐구하고 자기 창작의 의미를 발견해야 한다. 그렇게 할 때, 기술은 위협을 넘어 교육을 확장하는 도구가 될 수 있다.

수노와 같은 인공지능의 등장은 음악 교육을 근본적으로 흔드는 사건이다. 그러나 그것이 교육을 파괴할 것인지, 혹은 확장할 것인지는 기술 자체가 아니라, 우리가 그것을 어떻게 이해하고 활용하는가에 달려 있다. 위협과 확장은 배타적이지 않다. 그것은 언제나 동시에 존재하며, 교육은 그 긴장 속에서 새로운 길을 모색해 왔다. 이제 음악 교육 역시 그 길 위에 서 있다. 인공지능 시대의 음악 교육은 위협과 확장의 경계에서, 학생들에게 새로운 음악적 존재 방식을 가르칠 수 있을 때 비로소 완성될 것이다.

새로운 커리큘럼의 방향성: 생성이 아닌 성찰의 중심으로

AI 음악 생성기의 등장은 음악 교육의 현장에 새로운 가능성과 동시에 새로운 과제를 던지고 있다. 학생들이 단 몇 초 만에 완성된 음악을 얻을 수 있는 시대에, 교육이 단순히 음악을 만들어 내는 능력을 길러주는 것만으로는 충분치 않다. 오히려 지금 필요한 것은 음악을 '만드는 일'을 넘어, 그것을 '해석하고 성찰하는 힘'을 기르는 교육적 전환이다. 즉 새로운 커리큘럼은 생성 중심에서 성찰 중심으로 이동해야 한다는 것이다(민경훈 외, 2023).

오늘날의 교육 환경은 학생들에게 무수한 생성의 기회를 제공한다. 수노와 같은 도구를 활용하면, 짧은 텍스트 입력만으로도 완성도 있는 음악을 즉시 얻을 수 있다. 그러나 여기에는 중요한 역설이 존재한다. 음악이 과잉 생산되는 만큼, 그것을 깊이 이해하고 의미화하는 힘은 오히려 결핍될 위험에 놓여 있다는 점이다.

과거에는 한 곡을 쓰기 위해 많은 시간을 투자해야 했고, 그 과정에서 작곡가는 음악적 개념을 하나하나 체득해야 했다. 반면 오늘날 학생은 단 몇 번의 클릭만으로 결과를 얻지만, 그 결과물이 내포한 화성적 구조, 리듬의 질감, 형식적 전개에 대해 충분히 숙고할 기회를 잃기 쉽다. 따라서 교육의 초점은 생성된 결과물을 단순히 소비하는 것이 아니라, 그 속에 담긴 음악적 질서를 탐구하고, 인간적 창의성의 의미를 다시 묻는 방향으로 옮겨져야 한다.

성찰 중심의 교육은 결과물이 아닌 과정에 가치를 둔다. 학생들이 수노를 통해 만들어진 음악을 단순히 감상하는 데 그치지 않고 그것을 해체하고 분석하며, 스스로의 음악적 경험과 연결시키는 것이다. 예를 들어 수노가 생성한 음악에서 특정한 화성 진행을 발견했을 때, 교사는 그것이 서양 음악사의 전통 속에서 어떻게 등장하고 변화했는지를 탐구하게 할 수 있다. 또한 학생들에게 "왜 인공지능은 이와 같은 화성을 선택했을까?", "만약 인간이 같은 상황에서 작곡한다면 어떤 차이가 있을까?"라는 질문을 던질 수 있다. 이는 단순한 감각적 소비를 넘어서, 음악을 하나의 인문학적 텍스트로 사유하는 학습으로 확장된다.

성찰 중심의 커리큘럼은 또한 음악을 '정답'이 있는 기술적 대상이 아니라, 해석과 토론을 필요로 하는 열린 장으로 인식하게 한다. 학생들은 인공지능이 생성한 음악을 서로 비교하고, 그 속에서 각자의 감각과 해석을 나누며, "음악적 아름다움이란 무엇인가", "창작의 주체는 누구인가"와 같은 철학적 질문에 다가갈 수 있다. 이 과정에서 교육은 단순한 기능 훈련을 넘어 사유의 훈련으로 변모한다.

성찰 중심의 커리큘럼은 구체적으로 어떻게 실현될 수 있을까? 몇 가지 방향을 제안할 수 있다. 첫째, 분석적 활동이다. 학생들은 수노를 통해 생성한 곡을 실제 악보로 전환해 분석해 본다. 이를 통해 화성, 선율, 리듬의 특징을 이론적으로 검토할 수 있으며, 음악 개념을 실제 맥락 속에서 적용할 수 있다. 둘째, 비교적 활동이다. 학생들은 인공지능이 만든 음악과 인간이 작곡한 음악을 병치하여 감상하고, 그 차이와 유사성을 토론한다. 이를 통해 학생들은 인간 창작의 고유성을 이해하는 동시에, 기계 창작이 제시하는 새로운 가능성을 탐구할 수 있다. 셋째, 비판적 활동이다. 이 활동은 "이 음악은 진정한 창작인가?", "인공지능의 결과물에 저작권을 부여할 수 있는가?"와 같은 논제를 토론의 장으로 삼는다. 이는 음악 수업을 사회 · 윤리적 차원으로 확장하며, 학생들에게 비판적 사고를 길러준다. 마지막은 창의적 재맥락화다. 이는 수노가 만든 음악을 단순히 완성된 결과물로 두지 않고, 그것을 변형하거나 다른 매체와 결합해 새로운 프로젝트를 진행하게 하는 활동이다. 예컨대 영상, 무용, 미술 등과 융합하여 음악을 종합 예술적 성찰의 장으로 확장할 수 있다.

궁극적으로 성찰 중심의 교육은 기술 시대에 오히려 인간성을 회복하는 길이다. 인공지능은 생성의 속도를 높여주지만, 성찰은 인간만이 할 수 있는 고유한 능력이다. 학생들이 기계의 결과물을 통해 자기 자신을 돌아보고, 음악과 삶의 의미를 사유하는 순간, 교육은 기술에 종속되지 않고 오히려 기술을 넘어서는 차원에 도달한다. 이는 인공지능 시대에 음악 교육이 추구해야 할 가장 중요한 가치이기도 하다. 새로운 커리큘럼의 방향성은 단순히 '더 많이 만들기'가 아니라, '더 깊이 성찰하기'다. 생성의 도구로서 수노는 교육을 위협할 수도 있지만, 그것을 성찰의 매개로 삼을 때 비로소 교육은 확장된다. 결국 인공지능 시대의 음악 교육은 생성의 편리함을 넘어, 성찰을 중심으로 인간적 창의성과 감수성을 길러내는 데 그 본질을 두어야 한다.

참고문헌

민경훈 외(2023). 《뉴 노멀 시대의 디지털 미디어 기반 음악교육 방법》. 어가.

장근주 외(2023). 《2022 개정 교육과정을 적용한 음악과 교수·학습 및 평가》. 어가.

Selwyn, N.(2021). *Education and technology: Key issues and debates*. Bloomsbury Academic.

08
AI 음악 생성과 윤리

AI 음악 생성은 기존의 창작 방식을 해체하고, 재정적, 기술적 제약 없이 누구나 음악을 만들 수 있는 '창작의 민주화'를 약속한다. 그러나 기술적 진보는 저작권, 데이터 편향성, 그리고 예술의 진정성이라는 윤리적 · 법적 질문들을 동시에 제기하고 있다. 이 글에서는 AI 음악 기술의 역사적 진화와 현재의 핵심 기술, 이로 인해 발생하는 다층적인 윤리적, 법적 쟁점들을 심층 분석한다. 특히 AI가 가져온 창작의 긍정적 측면과 부정적 이슈를 균형 있게 조명함으로써, AI와 인간이 공존하는 미래 음악 생태계를 위한 심도 있는 통찰을 제공하고자 한다.

AI와 인재 채용?

핵심 기술 분석: 딥러닝, 트랜스포머, 확산 모델을 중심으로

AI 음악 생성은 다양한 첨단 기술의 융합으로 가능해진다. 현재 사용되는 주요 기술은 크게 기호 기반과 오디오 기반으로 나눌 수 있다.

기호 기반 음악 생성은 MIDI와 같이 음표와 타이밍이 정확하게 정의된 이산적인 기호 형식을 사용한다. 초기에는 규칙 기반 시스템과 마르코프 모델이 사용되었으나, 현대에는 순환 신경망(RNN)과 장단기 메모리(LSTM) 네트워크가 음악 시퀀스의 시간적 종속성을 모델링하는 데 활용된다. 특히 Music Transformer와 MuseNet과 같은 트랜스포머 모델은 장거리 종속성 모델링 능력과 확장성 덕분에 멀티 인스트루먼트 폴리포닉 음악 생성 및 스타일 모방에 널리 사용되고 있다.

오디오 기반 음악 생성은 기호 표기법 대신 원본 오디오 파형을 직접 생성하는 방식으로, 더 높은 품질의 결과물을 만들어 낼 수 있다.

DeepMind의 WaveNet은 고음질 오디오를 생성하기 위해 자기 회귀 샘플링을 사용하는 초기 성공 사례다. 또한 GAN(생성적 적대 신경망)과 VAE(변분 오토인코더)는 새로운 오디오 텍스처를 합성하고 다양한 악기 음색을 조합하는 데 활용된다.

GAN은 생성자(Generator)와 판별자(Discriminator)가 경쟁적으로 학습하며 실제 데이터와 유사한 가짜 데이터를 만들어 내는 원리로 작동한다.

최근에는 확산 모델(Diffusion Models)이 새로운 혁신을 가져오고 있다. 이 모델은 초기 데이터 샘플에 노이즈를 반복적으로 추가하여 원본과 덜 유사하게 만든 후, 이 과정을 역전시켜 노이즈를 점진적으로 제거하는 방식으로 새로운 데이터를 생성한다. 이러한 방식은 학습의 안정성을 높여 Stable Audio 2.0과 같은 고품질 오디오를 일관된 구조로 최대 3분까지 생성하는 모델을 가능하게 했다. 이러한 기술적 발전의 흐름은 AI 음악의 상용화와 밀접하게 연관되어 있다. 초기 AI 음악은 MIDI와 같은 기호 데이터를 사용했기 때문에 실제 음향의 미묘한 질감을 표현하는 데 한계가 있었다. 오디오 기반 모델의 등장은 이 한계를 돌파하며 고품질 사운드를 생성하는 길을 열었고, 확산 모델은 학습의 안정성 문제를 해결하며 Stable Audio와 같은 상업적 성공 모델을 가능하게 했다. 이는 기술적 완성도가 시장 침투력을 결정하는 핵심 요인임을 시사한다.

산업적 패러다임 변화와 경제적 영향

AI 음악 생성 기술은 음악 산업의 경제적 지형을 재편하고 있다. AI는 전통적인 녹음 장비나 세션 가수를 고용하는 것에 비해 훨씬 저렴한 대안을 제공함으로써, 음악 제작 과정을 민주화하고 있다.

Kits AI와 같은 플랫폼은 로열티 프리 AI 음성을 제공하여 예산이 제한된 프로듀서도 전문적인 사운드를 구현할 수 있게 하며, 고품질 제작의 진입 장벽을 낮추고 있다. Rare Connections에 따르면, 이미 60%의 음악가가 마스터링, 아트워크 생성, 작곡 등 다양한 작업에 AI를 활용하고 있다.

이러한 변화는 음악가의 역할을 재정의하고 새로운 직무의 등장을 촉발하고 있다. AI는 믹싱, 마스터링과 같은 기술적이고 반복적인 작업을 자동화하여, 아티스트가 창의적인 부분에 더 집중할 수 있도록 돕는다.

Logic Pro의 AI 주도 세션 플레이어는 가상 악기 연주를 제공하고, iZotope's Neutron과 같은 플러그인은 믹스를 분석하여 최적의 사운드를 추천한다. 이로 인해 작곡가는 코딩하는 작곡가나 AI 연구원으로, 프로듀서는 개인화된 AI 어시스턴트를 활용하는 크리에이티브 디렉터로 역할이 변화하고 있다.

AI가 일자리 대체를 넘어 직무의 재구성을 촉발하고 있다는 분석은 중요한 시사점을 제공한다. 유명 가수 딘딘이 AI가 작곡한 곡의 수준에 위기감을 언급하는 현상은 AI의 기술적 완성도가 높아졌음을 보여준다(2024. 3. 19. MBC '고민순삭 있었는데요 없었습니다'). 그러나 골드만삭스 보고서가 지적하듯, AI는 생산성을 높이지만 인간의 일자리를 완전히 없애지는 않을 것이다. 대신, AI를 도구로 활용하는 능력 자체가 핵심 역량이 되면서 작곡가-PM, 작곡가-연구원과 같은 새로운 융합 직군이 생겨날 것으로 예상된다.

창의성과 예술성 논쟁: AI는 창작자인가?

AI가 만든 음악은 과연 예술인가에 대한 논쟁은 여전히 현재진행형이다. 일부 비평가들은 AI가 단순히 기존 예술가의 표현 기법을 모방하거나 알고리즘을 통해 변형하는 것에 불과하다고 주장한다. 이들은 예술의 본질이 철학적 사유에 있으며, AI는 이를 결여하고 있다고 본다. 반면, AI의 창작물이 인간 예술가들의 작품과 다른 새로운 미적 경험을 제공한다는 점에서 예술적 가치를 인정해야 한다는 주장도 존재한다.

창작성이라는 개념에 대한 법적 해석은 이 논쟁에 또

다른 층위를 더한다. 예술의 미학적 가치와는 별개로, 저작권법상 저작물은 '인간의 사상 또는 감정을 표현한 것'이어야 한다. 따라서 AI가 자동적으로 생성한 결과물은 현행법상 저작물로 인정받기 어렵다. 하지만 인간이 AI를 수단적으로 사용하거나, 생성된 결과물에 창작적 표현을 추가한다면, 그 기여 부분에 대해서는 저작권 보호가 가능하다.

이는 AI 창작물이 그 자체의 예술성과 별개로, 인간의 의도와 개입 여부에 따라 저작물성이 결정된다는 이중적 기준이 존재함을 보여준다. 예술성은 미학적 논의의 영역이지만, 창작성은 법적 개념으로, 인간의 최소한의 개성만 담겨 있으면 인정된다. 따라서 AI가 생성한 결과물에 인간이 프롬프트를 입력하거나 특정 부분을 수정하는 행위는 모두 인간의 창의성으로 간주될 수 있으며, 이는 예술이라는 철학적 개념과 저작물이라는 법적 개념 사이의 간극을 명확히 보여준다.

데이터 편향성 문제: 불평등과 편견의 재생산

AI의 편향성 문제는 기술적 결함에 국한되지 않고, 인간 사회의 구조적인 불평등과 직결된다. AI 시스템은 훈련 데이터를 기반으로 의사 결정을 내리며, 데이터에 내재된 편견은 AI 결과물에도 그대로 반영된다. 이는 특정 그룹의 과대 또는 과소 대표성에서 비롯되는데, 예를 들어 백인 데이터에 주로 훈련된 얼굴 인식 알고리즘은 유색 인종에 대한 인식 오류를 일으킬 수 있다.

음악 분야에서도 유사한 편향성 사례가 발견되었다. 2019년 Spotify의 추천 시스템 알고리즘이 여성 아티스트보다 남성 아티스트를 더 많이 추천하는 편향성이 드러났다. 또한 특정 지역이나 인종의 음악 데이터가 부족한 경우, AI는 그들의 문화를 반영한 콘텐츠를 생성할 수 없게 되어 문화적 다양성을 훼손할 수 있다. AI는 창작의 민주화를 약속하지만, 그 기반이 되는 데이터의 편향성으로 인해 오히려 문화적 단일화를 초래할 위험성을 내포하는 것이다. 이는 AI 시스템이 사회의 구조적 불평등과 인간의 인지 편향을 그대로 학습하고 증폭시키는 결과로 이어진다. 음악 분야에서 데이터 편향성은 단순히 추천의 정확도 문제를 넘어, 특정 장르나 문화적 배경의 음악을 소외시키고 결과적으로 글로벌 음악 시장의 문화적 단일화를 초래할 수 있다.

허위 정보와 딥페이크: 진정성에 대한 위협

AI 음악 기술의 발전은 딥페이크와 같은 심각한 윤리적 문제를 야기하고 있다. AI 커버곡은 유명 가수의 목소리를 무단으로 복제하여 다른 노래에 덧씌우는 기술로, 아티스트의 음성권 및 저작인접권을 침해할 소지가 크다. 이러한 행위는 팬덤 문화의 한 형태로 시작되었지만, 아티스트의 퍼블리시티권과 음성권을 침해하는 윤리적 경계를 허물고 있다. 이 문제는 단순히 저작권 침해를 넘어, 진정성(authenticity)에 대한 근본적인 질문을 던진다. 기술이 실제와 구분하기 어려운 가짜를 만들어 내면서, 진짜 예술의 가치는 어디에 있는가에 대한 논의가 촉발되고 있다.

더욱 심각한 문제는 음성 변환 기술이 딥페이크와 결합하여 보이스피싱 사기에 악용되는 사례다. 실제로 IT 전문 매체 기가진은 AI로 합성된 가짜 목소리로 인해 한 기업이 24만 3000달러의 피해를 입었다고 보도했다. 2021년에는 아랍에미리트(UAE)의 한 은행에서 대기업 임원을 가장한 AI 딥보이스에 속아 3500만 달러를 송금한 사건도 발생했다. 이러한 사례는 AI 기술이 개인과 사회에 얼마나 치명적인 위협이 될 수 있는지를 보여주며, 기술적 발전이 법적, 윤리적 제도를 훨씬 앞질러 나가는 규제 격차(regulatory gap)의 대표적 사례로 지적된다.

저작권 주체성 논란: AI 창작물은 저작권 보호를 받는가?

AI가 창작에 관여한 음악에 대한 저작권 주체성 문제는 가장 뜨거운 법적 쟁점 중 하나다. 대한민국을 포함한 대부분의 국가에서 저작물은 '인간의 사상 또는 감정을 표현한 창작물'로 정의된다. 따라서 정신적 활동이 불가능한 AI가 자동적으로 생성한 결과물은 현행법상 저작물로 인정받지 못한다. 다만, 인간이 AI가 생성한 결과물에 창작적 표현을 추가하거나 AI를 수단적으로 사용해 창작을 주도했다면, 그 기여 부분에 대해서는 저작권 보호가 가능하다.

이와 관련하여 국내 최대 저작권 관리 단체인 한국음악저작권협회(KOMCA)는 2024년 3월 24일부터 AI가 창작 과정에 단 1%라도 관여한 곡에 대하여 저작권 등록을 받지 않는 강경한 방침을 시행 중이다. 이 규제는 작곡과 작사에 한정되며, 허위 기재 시 저작권료 지급 지연이나 곡 삭제, 민형사상 책임까지 질 수 있다. KOMCA의 이러한 정책은 법적 불확실성에 대한 선제적이고 보수적인 대응으로 볼 수 있다. AI 기술 발전 속도를 법과 제도가 따라가지 못하는 상황에서, 창작자의 권리와 시장의 혼란을 최소화하기 위한 자구책인 것이다.

AI 학습 과정에서 대량의 저작물을 복제하고 전송하는 행위는 원칙적으로 저작권 침해에 해당한다. 그러나 개별 저작권자의 허락을 일일이 받는 것은 사실상 불가능하다. 이러한 법적 쟁점을 해결하기 위한 핵심 개념이 공정이용(Fair Use) 원칙이다. 미국 저작권청은 학습 데이터 수집, 복제, 재배포 등 모든 단계가 원칙적으로 복제권과 2차적 저작물 작성권을 침해할 수 있다고 평가하면서도, 공정이용 여부에 따라 책임이 달라질 수 있다는 입장이다.

한국 저작권법의 일반조항(제35조의5)도 저작물의 이용 목적과 성격, 이용이 시장 또는 가치에 미치는 영향 등을 고려하여 공정이용을 폭넓게 인정하고 있다. 하지만 이 일반 규정 자체가 추상적이어서 AI 개발자에게 충분한 예측 가능성을 제공하지 못하고 법적 안정성 문제를 야기한다는 지적이 제기되었다. 이러한 법적 불확실성을 해소하기 위해, AI뿐만 아니라 컴퓨터를 이용한 정보 분석 전반에 적용될 수 있는 텍스트·데이터 마이닝(TDM) 면책 조항 도입이 국제적으로 논의되고 있다.

싱가포르(2021 저작권법 제244조)와 일본(저작권법, 2018, 제30조의 4)은 이미 상업적 목적도 가능한 TDM 면책 조항을 도입했다(유정규, 2021; 김지만, 2018).

AI 학습 데이터 문제는 공유와 독점이라는 가치 사이의 충돌을 보여준다. 데이터를 자유롭게 사용해 기술을 발전시키려는 AI 개발자들의 입장과 자신의 창작물에 대한 통제권을 주장하는 저작권자들의 입장이 첨예하게 대립하고 있다. TDM 면책 조항은 이 갈등을 해결하기 위한 현실적인 정책적 대안으로 부상하고 있다.

주요 사례 및 정책 동향 분석

AI 음악과 관련된 법적 쟁점들은 실제 소송 사례를 통해 구체화되고 있다. 유니버설 뮤직, 소니 뮤직, 워너 레코드 등 글로벌 3대 음반사는 AI 음악 스타트업 수노와 Udio가 저작권이 있는 음원을 무단으로 학습 데이터에 사용했다며 소송을 제기했다. 이 소송은 음원당 최대 15만 달러의 손해배상을 청구하며, AI 업계에 막대한 영향을 미칠 수 있는 선례가 될 것이다. 이 소송의 당사자들은 현재 라이선스 협상을 시작했으며, 음반사들은 수익, 지분, 그리고 미래 기술에 대한 거부권을 요구하고 있다(RIAA, 공식 사이트, 2024). 이와 함께 핑거프린팅 기술을 도입해 AI 결과물을 추적하고 수익을 분배하는 방안을 모색하고 있다.

대한민국 정부 역시 이러한 변화에 대응하기 위한 정

책을 추진하고 있다. 한국저작권위원회는 2023년 시장의 혼란을 최소화하기 위해《생성형 인공지능 저작권 안내서》를 발표했다(박정훈 외, 2023). 이 안내서는 AI 사업자, 저작권자, 이용자에 대한 유의 사항과 AI 산출물의 저작권 등록 방안 등을 담고 있다. 또한 정부는 AI 워킹그룹 2라운드를 운영하여 AI 학습 저작물 이용 보상 체계를 논의하고, 유사도 비교 및 원본 추적 기술 개발을 지속적으로 지원하고 있다.

결론 및 제언

AI 음악 생성은 기술, 예술, 그리고 법적·윤리적 영역에 걸친 복잡한 논의를 촉발하고 있다. 이 기술은 창작의 민주화와 비용 효율성이라는 긍정적 가능성을 제시하며, 예술가들에게 새로운 협업 도구를 제공하고 있다. 그러나 동시에 데이터 편향성으로 인한 문화적 단일화의 위험, AI 커버곡과 딥페이크로 인한 진정성 훼손 및 사회적 위협, 그리고 저작권 주체성 및 학습 데이터에 대한 법적 불확실성이라는 복합적인 과제를 던지고 있다. 기존의 법과 제도는 급변하는 기술 환경을 충분히 담아내지 못하고 있으며 이는 산업적, 사회적 혼란을 야기하는 핵심 원인이다.

AI와 인간의 공존을 위한 미래 방향을 모색하기 위해서는 다음과 같은 노력이 필요하다. AI 시스템은 개발 단계부터 데이터 편향성을 최소화하기 위한 포용적 데이터 세트 구축에 힘써야 하며, AI 생성물임을 명확히 표기하는 출처 표기 시스템을 마련하여 콘텐츠의 투명성과 신뢰성을 확보해야 한다. 인간 아티스트는 AI를 위협이 아닌 협업 도구로 인식하고, 프롬프트 엔지니어링과 같은 새로운 역량을 습득하여 AI의 결과물을 창의적으로 가공하는 큐레이터 및 디렉터 역할을 강화해야 한다. 궁극적으로 AI 음악 생태계의 건강한 발전을 위해서는 다음과 같은 정책적 · 산업적 제언이 필요하다.

법적 프레임워크 재정비

AI 학습 데이터에 대한 TDM 면책 조항을 포함한 새로운 저작권법 개정이 시급하다. 이는 AI 산업의 성장을 촉진하는 동시에 창작자의 권리를 보호하는 균형점을 모색하는 데 필수적이다.

공정 보상 체계 구축

AI 학습에 사용된 저작물에 대한 공정한 보상 체계를 마련하고, AI 생성물의 사용에 따른 수익이 원 저작권자에게 분배될 수 있는 투명한 시스템을 구축해야 한다.

지속적인 대화의 장 마련

정부, 기업, 창작자, 법률 전문가 등 다양한 이해관계자가 참여하는 지속적인 논의체를 운영하여, AI 기술 발전에 따른 새로운 이슈에 선제적으로 대응할 수 있는 기반을 마련해야 한다.

이러한 다각적인 노력을 통해 AI 음악은 단순한 기술을 넘어 인간의 창의성을 확장하고, 모두가 함께 성장하는 지속 가능한 음악 생태계를 조성하는 데 기여할 수 있을 것이다.

참고문헌

김지만(2018). "2018년도 일본 저작권법 개성에 관하여".
https://blog.naver.com/kcopastory/221325413822

박정훈 외(2023). "생성형 AI 저작권 안내서". 한국저작권위원회.

유정규(2021). "싱가포르 법무부, 저작권법 전부 개정안 마련". 《저작권동향》.
https://www.copyright.or.kr/information-materials/trend/the-copyright/view.do?brdctsno=49132

RIAA(2024). Record Companies Bring Landmark Cases for Responsible AI Against Suno and Udio in Boston and New

York Federal Courts, Respectively.
https://www.riaa.com/record-companies-bring-landmark-cases-for-responsible-ai-againstsuno-and-udio-in-boston-and-new-york-federal-courts-respectively/

09
AI 음악 생성기의 발전 방향과 교육적 적용

AI 음악 생성기는 단순한 자동화의 차원을 넘어, 음악을 이해하고 창작하는 방식 자체를 변화시키는 새로운 패러다임을 제시한다. 이는 전통적 작곡 개념을 확장할 뿐 아니라, 음악 교육의 내용과 방법을 재구성하는 데 핵심적인 열쇠가 된다. 이 장에서는 기술적 진보가 열어가는 AI 음악 생성기의 미래를 조망하고, 그것이 교육 현장에서 어떻게 적용되어야 할지 살펴본다.

AI와 기자?

AI가 만들어 낸 음악은 때로는 인간의 작품과 거의 구별되지 않을 만큼 정교하다. 하지만 중요한 것은 그 결과물의 완성도가 아니라, 그러한 음악이 우리에게 던지는 질문들이다. "예술이란 무엇인가?", "창작의 주체는 누구인가?", "교육은 무엇을 가르쳐야 하는가?"라는 근본적인 물음은 기술의 진보와 함께 따라온다. 교육의 시선에서 바라본다면 AI는 위기이자 기회다. 버튼 하나로 작곡이 가능한 시대에, 교실은 여전히 학생들에게 음악을 가르쳐야 한다. 그렇다면 무엇을, 어떻게 가르칠 것인가? 단순한 기술 습득이 아닌, 생성된 음악을 해석하고 의미화하며, 그것을 바탕으로 자신의 창의성과 비판적 사고를 확장하는 것이 새로운 음악 교육의 과제가 된다. 이는 전통적 교수·학습 패러다임을 넘어, 학생과 교사, 인간과 기계가 함께 만들어 가는 열린 교육의 장으로 나아갈 것을 요구한다.

따라서 AI 음악 생성기의 발전을 이야기할 때, 우리는 기술적 진보와 교육적 적용을 분리해서 볼 수 없다. 기술은 교육을 통해 의미를 얻고, 교육은 기술을 통해 새로운 가능성을 발견한다. 이 두 흐름이 교차하는 지점에서, 음악은 단순히 소리의 예술을 넘어, 인간과 세계를 이해하는 또 다른 언어로 확장된다.

AI 음악 생성기의 발전 방향

다가올 AI 음악 생성기는 단순히 더 많은 데이터를 학습하고, 더 정교한 음향을 재현하는 데 머물지 않을 것이다. 그것은 교육적 맥락 속에서 학습자와 함께 성장하는 기술로 진화할 것이다. 지금까지의 생성기가 '빠르고 정확한 음악 산출'을 목표로 했다면, 미래의 AI는 학생들의 음악적 수준과 관심, 감정 상태에 맞추어 맞춤형 학습 경험을 제공할 수 있는 방향으로 발전할 것이다.

첫째, 적응적 생성(adaptive generation) 기술의 발전이다. 학생이 특정 리듬을 반복적으로 선호하거나 특정 화성에 낯섦을 느낀다면, AI는 이를 감지하여 학습자의 이해 수준과 감각에 맞는 새로운 음악을 제안할 것이다. 이는 단순히 음악을 만들어 내는 것을 넘어, 학습자의 개인적 음악 언어를 존중하는 방향으로 진보하는 것이다.

둘째, 설명 가능한 음악 생성(explainable generation)이다. 지금까지의 AI는 결과만 제시했지만, 미래의 AI는 이 화성을 선택한 이유, 이 멜로디의 전개 방식을 설명할 수 있을 것이다. 학생들은 음악을 단순히 '받아들이는' 것이 아니라, 그 이면의 알고리즘적 논리를 이해하면서 음악적 문해력을 키우게 된다. 이는 음악 교육에서 강조되는 분석과 성찰의 과정과 긴밀히 맞닿아 있다.

셋째, 협업적 플랫폼으로의 진화다. AI 음악 생성기는 더 이상 개인적 도구가 아니라, 여러 학생이 동시에 접근해 서로의 아이디어를 공유하고, 다양한 버전을 비교·융합할 수 있는 장을 제공할 것이다. 이는 교육 현장에서 토론과 공동 창작을 가능하게 하여, 음악을 사회적 경험으로 되돌려준다.

넷째, 다중 감각적 통합(multimodal integration)이다. 음악은 단순히 소리로만 경험되지 않는다. 미래의 AI는 시각 자료, 움직임, 언어적 설명과 결합하여 학습자가 음악을 다층적으로 이해할 수 있도록 도울 것이다. 이는 음악 교육을 청각 중심의 훈련에서 복합적 예술 경험으로 확장시킨다.

이와 같은 기술적 진보는 결국 교육적 주안점과 만날 때 진정한 의미를 가진다. '더 정교하게 만든다'는 기술적 야망만으로는 충분하지 않다. 그것이 학습자에게 질문을 던지고, 성찰을 촉발하며, 새로운 창의적 가능성을 열어주는 순간, AI 음악 생성기는 비로소 교육의 장에서 살아 있는 동반자로 자리매김하게 될 것이다.

AI 음악 생성기의 교육적 적용

AI 음악 생성기가 교육의 장에 도입될 때, 가장 먼저 드러나는 특징은 음악 창작의 접근성이 획기적으로 낮아진다는 점이다. 과거 작곡은 전문적 훈련과 이론적 지식을 필요로 했으며, 많은 학생들에게는 '도달하기 어려운 영역'으로 여겨졌다. 그러나 오늘날 학생들은 간단한 입력을 통해 자신만의 음악을 생성할 수 있으며, 이는 음악교육의 문턱을 낮추고 참여의 폭을 넓힌다. 그러나 여기서 중요한 것은 단순히 곡을 빠르게 만들어 내는 능력이 아니라, 그러한 산출물을 통해 학생들이 어떠한 학습과 성찰을 경험하는가다(홍지연 · 홍장우, 2025).

첫째, AI 음악 생성기는 창의적 탐색의 기회를 제공한다. 학습자는 다양한 장르와 스타일을 시도하며, 자신이 미처 알지 못했던 음악적 감각을 발견하게 된다. 예컨대 한 학생이 재즈풍의 화성을 AI를 통해 생성해 보고, 또 다른 학생이 전자 음악적 리듬을 실험할 때, 그 과정은 음악적 다양성을 체험하는 장으로 변한다. 중학교 음악 수업을 가정해 보자. 교사가 학생들에게 "자신이 좋아하는 감정을 AI에게 입력해 곡을 만들어 보자"라고 제안한다. 한 학생은 '설렘'을 선택하고, 또 다른 학생은 '고요'를 입력한다. AI는 각기 다른 스타일의 곡을 제시하고, 학생들은 이를 듣고 자신이 느낀 감정을 공유한다. 어떤 이는 "설렘이 꼭 빠른 템포로만 표현되는 것은 아니구나"라며 새로운 발견을 하고, 또 다른 이는 "고요가 단순히 느린 템포만이 아니라, 미니멀한 화성 속에서도 가능하다"는 통찰을 얻는다. 이 과정에서 AI는 단순한 음악 생성기가 아니라, 학생들에게 다양한 감정의 표현 방식을 실험하게 하는 실험실이 된다.

이처럼 AI는 학습자에게 '정답 없는 창작'을 경험하게 하며, 이를 통해 학생들은 기존의 음악적 틀을 넘어선 새로운 가능성을 탐색할 수 있다.

둘째, AI는 학습자에게 비판적 문해력을 길러준다. AI가 제시한 곡은 완결된 예술 작품이라기보다 해석과 토론을 요구하는 대상이다. 학생들은 AI가 만든 멜로디와 화성을 분석하며, 그것이 왜 낯설거나 익숙하게 들리는지, 어떤 정서를 환기하는지를 탐구하게 된다. 이는 단순한 감상의 차원을 넘어, 기술과 예술의 관계를 성찰하는 학습으로 이어진다. 음악 교육은 더 이상 음표와 악보의 훈련에 국한되지 않고, 알고리즘과 인간 경험이 교차하는 지점에서 새로운 문해력을 기르게 되는 것이다. 하나의 예로, 대학의 음악 창작 세미나에서는 AI가 생성한 곡을 함께 감상하며 "왜 이 곡이 낯설게 들리는가?"라는 질문을 던질 수 있다. 학생들은 특정 화성 전개가 비전통적이기 때문에 긴장을 느낀다는 의견을 내고, 또 다른 학생은 데이터 학습 과정에서 특정 장르의 편향이 드러났음을 지적한다. 여기서 음악은 단순히 감상의 대상이 아니라, 알고리즘과 인간 감각이 만나는 경계를 탐구하는 텍스트가 된다. 학생들은 음악을 통해 기술의 한계와 문화적 맥락을 동시에 읽어내며, 음악적 문해력을 확장한다.

셋째, AI 음악 생성기는 협업적 학습 환경을 열어준다. 학생들은 각자 생성한 곡을 공유하고, 서로의 차이를 발견하며 토론할 수 있다. 한 학생은 AI가 제안한 리듬을 선택하고, 다른 학생은 그 위에 멜로디를 더하는 식의 협업은, 음악을 '개인의 산물'에서 '공동체적 실천'으로 확장시킨다. 이 과정에서 학생들은 서로 다른 감각을 존중하고, 차이를 대화의 자원으로 삼으며, 음악을 통해 사회적 소통을 배운다. 실제로 고등학교의 합주 수업에서는 학생들이 각자 AI로 만든 멜로디를 가져와 합쳐본다. 한 팀은 전자 음악적 리듬 위에 클래식 스타일의 선율을 얹고, 다른 팀은 한국 전통 리듬을 AI에 입력해 얻은 패턴을 변주한다. 서로 다른 결과물은 토론과 협업을 통해 하나의 작품으로 완성되고, 학생들은 음악을 개인의 산물에서 공동체적 실천으로 확장시킨다. AI는 그 과정에서 다양성을 제공하는 매개체가 되고, 학생들은 타인의 음악적 감각을 존중하는 법을 배운다(하채현,

2022).

이러한 장면에서 교사의 역할은 단순한 지식 전달자가 아니라 성찰의 촉진자로 바뀐다. 전통적으로 교사는 지식을 전수하고 기술을 지도하는 권위적 존재였다. 그러나 AI가 곡을 '자동으로' 생성해 주는 시대에, 교사의 역할은 학생들이 산출물을 분석하고 성찰하며, 그 속에서 의미를 발견하도록 돕는 촉진자로 전환된다. 교사는 더 이상 '정답'을 제시하지 않고, 오히려 학생들이 AI의 음악을 비판적으로 바라보고 자기 경험과 연결하도록 안내한다. 이는 교육이 산출 중심에서 성찰 중심으로 이동하는 전환의 계기를 마련한다.

궁극적으로 AI 음악 생성기의 교육적 적용은 단순히 새로운 기술의 도입이 아니라, 음악 교육의 본질－자신을 표현하고, 타인과 소통하며, 예술을 통해 세계를 이해하는 과정－을 다시 발견하는 계기다. 기술은 빠르고 효율적이지만, 교육은 느리고 깊다. AI가 제공하는 무한한 변주 속에서 학생들이 배우는 것은 단순히 작곡 능력이 아니라 예술과 인간, 기술과 문화에 대한 성찰적 시선이다. 음악 교육은 AI의 기술을 단순히 소비하는 공간이 아니라, 그 산출물을 통해 학생이 예술과 인간, 기술과 문화를 새롭게 사유하도록 이끄는 장이어야 한다. 그럴 때 비로소 AI 음악 생성기는 교육의 위협이 아니라 교육을 확장하는 동반자로 자리할 수 있을 것이다.

참고문헌

하채현(2022). 《AI와 미디어교육》. 한국문화사.

홍지연·홍장우(2025). 《디지털 전환 시대의 AI 디지털 교육》. 생능북스.

10
AI 음악 생성기의 미래

AI 음악 생성 서비스의 등장은 '누구나 음악을 창작할 수 있는 시대'를 열며 음악 산업 전반에 걸친 지각 변동을 일으키고 있다. AI는 이제 음악 제작의 모든 과정에 개입하며, 인간의 창작물과 구분하기 어려운 고품질의 결과물을 산출해 낸다. 이러한 기술적 진보는 음악 제작의 비용을 획기적으로 낮추고, 창의적 실험의 가능성을 무한히 확장하는 등 긍정적인 파급 효과를 가져 오고 있다. 이 장에서는 AI 음악의 미래를 기술적 진화, 산업 생태계의 변화, 법적 윤리적 쟁점, 그리고 사회 문화적 함의라는 네 가지 주요 축을 중심으로 심층 분석하고자 한다.

AI와 미래 의사?

AI 음악의 미래

AI 음악 시장은 현재 몇몇 주요 플레이어를 중심으로 치열한 경쟁을 펼치고 있다. 수노 AI는 2023년 12월 서비스 시작 이후 직관적인 사용자 인터페이스(UI)와 쉬운 사용법으로 빠르게 대중적 인기를 얻었다. AI 기술의 발전은 단순한 음악 생성을 넘어, 인간의 의도를 더욱 정교하게 반영하는 '협업 도구'로 진화하고 있다. 구글의 Lyria 2 모델은 텍스트 프롬프트로 고품질의 오디오를 생성할 뿐만 아니라 BPM, 악기 구성 등 다양한 음악적 특성에 대해 세밀한 제어 기능을 제공한다. 이는 AI를 단순히 명령에 따라 결과물을 내놓는 도구가 아니라, 인간의 창작 의도를 읽고 함께 작업하는 파트너로 발전시키려는 방향성을 보여준다.

더 나아가 AI 음악은 텍스트-음악 변환을 넘어 이미지, 영상, 텍스트 등 여러 양식을 결합하는 '멀티모달(Multimodal)' 기술로 확장되고 있다. 이는 음악을 다른 문화 콘텐츠(영화, 게임, 광고)에 유기적으로 통합시키는 새로운 가능성을 열어줄 것이다. 예를 들어, 영상의 내용과 분위기에 완벽하게 맞는 배경 음악을 AI가 자동으로 생성하거나, 특정 이미지를 바탕으로 새로운 멜로디를 창조하는 방식의 협업이 가능해지고 있다.

현재 AI 음악 기술이 직면한 가장 큰 기술적 난제 중 하나는 '긴 형식 일관성(Long-form Coherence)'의 부족이다. 기존 모델들은 3분 내외의 짧은 음악 클립을 생성하는 데는 매우 탁월하지만, 7~8분에 이르는 완성된 곡의 구조(기승전결, 후렴구 반복 등)와 서사적 흐름을 일관성 있게 유지하는 데는 한계가 있었다. 이는 음악적 서사나 감정적 전개와 같은 '인간 고유의 창작 영역'을 AI가 완전히 모방하기 어렵다는 기술적 제약으로 여겨져 왔다.

그러나 최근 연구는 이러한 한계를 극복하려는 시도를 보여준다. 트랜스포머 기반의 확산 모델을 활용하여 압축된 잠재 공간에서 학습함으로써 4분 45초에 이르는 긴 길이의 음악을 일관된 구조로 생성하는 기술이 발표되기도 했다. 이는 AI가 더 이상 파편적인 사운드 조각을 만드는 것에 머물지 않고, 마치 인간 작곡가처럼 전체적인 서사와 구조를 짜는 단계로 나아가고 있음을 의미한다. 이 기술적 진보가 완성될 경우, AI는 단순한 도구를 넘어 앨범 단위의 예술적 서사를 창조하는 존재로 인식될 수 있으며, 이는 AI 창작물의 예술성과 저작권 주체성에 대한 기존의 논쟁을 더욱 격화시킬 것으로 예상된다.

AI 음악 산업 생태계의 전망

AI 음악 생성 기술의 급속한 발전은 단순히 창작 방식의 변화를 넘어, 음악 산업 전체의 경제적 구조를 재편하고 있다. 마켓리서치퓨처(Market Research Future)가 낸 '음악 시장 조사 보고서'에 따르면 AI 음악 시장은 2023년 15.9억 달러(약 2조 2000억 원)에서 2032년에는 100억 달러(약 13조 7000억 원) 규모로 성장할 것으로 예측된다(Gupta, 2025). 한국전자통신연구원(ETRI), 삼정KPMG 등의 보고서를 종합하면, 2032년까지 국내 AI 음악 시장은 약 3조 3800억 원 규모에 이를 것으로 추산된다.

이러한 폭발적인 성장은 음악 산업의 기존 가치 사슬을 재편하고 새로운 비즈니스 모델을 창출하는 원동력이 되고 있다.

음악 산업 가치 사슬의 변화

AI는 음악 산업의 핵심인 창작, 유통, 소비 단계에 혁신적인 변화를 가져오고 있다.

창작 단계

AI는 작곡, 편곡, 마스터링 등 시간과 비용이 많이 소요되는 기술적 작업을 자동화하여, 창작자들이 자신의 아이디어와 예술성에 더 집중할 수 있게 돕는다. 예를 들어, 오디오 트랙 마스터링과 같은 반복적인 작업을 AI가 처리하면, 아티스트는 창의적 탐색에 더 많은 에너지를 쏟을 수 있다.

유통 단계

스포티파이의 'AI DJ' 서비스는 AI가 단순한 추천 알고리즘을 넘어, 사용자의 청취 기록을 분석하고 실시간으로 맞춤형 코멘트와 음악을 제공하는 새로운 형태의 유통 채널이 될 수 있음을 보여준다. 이는 소비자가 음악을 발견하고 즐기는 방식을 완전히 바꾸고 있다.

소비 단계

AI 덕분에 소비자는 더 이상 완성된 음악을 수동적으로 듣는 데 머무르지 않는다. 자신의 기분이나 취향에 맞는 맞춤형 음악을 직접 생성하여 소비하는 '능동적'인 주체로 변화하고 있다.

AI 기반 비즈니스 모델과 플랫폼 전략

AI 음악 플랫폼들은 다양한 시장 기회를 포착하며 비즈니스 모델을 확장하고 있다.

B2C(소비자 대상) 플랫폼

수노 AI는 일반인이 쉽게 음악을 만들 수 있는 직관적인 도구를 제공하며, '누구나 음악가'가 될 수 있다는 비전을 제시한다. 이들은 사용 편의성과 고품질 결과물을 통해 대중 시장을 공략하고 있다.

B2B(기업 대상) 라이선싱

Google Lyria 2와 같은 서비스는 영화, 광고, 게임 등 전문 콘텐츠 제작사를 대상으로 한 라이선싱 및 협업 솔루션에 초점을 맞추고 있다. 이 모델은 기존 음악 제작에 필요한 라이선스 비용, 스튜디오 대여료 등을 절감할 수 있어 예산이 제한된 중소기업이나 독립 제작사에게 큰 이점을 제공한다.

웹3 기술 융합

이모션웨이브의 '스테이지클라우드'와 같은 일부 플랫폼은 웹3 기술을 도입하여 사용자가 창작한 음악을 증권형 토큰(STO)으로 자산화하는 새로운 생태계 구축을 시도하고 있다. 이는 저작권 및 소유권 문제를 기술적으로 해결하고, 새로운 수익 모델을 창출하려는 시도로 볼 수 있다.

인간 창작자의 역할 변화와 공존 방안

AI 음악 시장의 성장은 음악 창작자에게 새로운 기회를 제공하는 동시에, 기존 직업의 안정성에 대한 위협을 제기한다. 한 보고서에 따르면, AI로 인해 2028년에는 음악 창작자 수익의 24%가 위험에 빠질 수 있다고 예측하고 있다. AI는 단순한 도구를 넘어 작곡가, 프로듀서, 뮤지션의 역할을 재정의하는 촉매제가 되고 있다(Strain, 2023).

이러한 변화 속에서, AI는 기능적이고 효율적인 음악(예: 광고 배경 음악, 게임 사운드)을 대량 생산하는 역할을 점차 맡게 될 것이다. 이에 따라 인간 창작자는 AI가 모방하기 어려운 '예술적 깊이'와 '진정성'을 제공하는 역할로 그 초점을 옮겨야 할 필요성이 제기된다. AI는 단순히 결과물을 만들어 내는 '도구'가 아니라, 인간의 창의성을 보완하고 새로운 아이디어를 발굴하는 '협업 파트너'이자 '영감의 원천'으로 활용될 수 있다. 이러한 관계 설정은 단순히 기술을 사용하는 것을 넘어, AI가 대체할 수 없는 인간 창작 과정의 고유한 가치를 찾아내는 본질적인 질문으로 이어진다.

AI 음악의 법적, 윤리적 쟁점과 정책적 대응

AI 생성물의 저작권 주체에 대한 질문은 가장 첨예한 쟁점 중 하나다. 현행 저작권법은 원칙적으로 '인간의 사상 또는 감정을 표현한 창작물'만을 저작물로 인정하며, AI를 독립된 창작 주체로 인정하지 않는다. 따라서 인간의 개입 없이 AI가 자율적으로 생성한 결과물은 저작권 보호 대상이 아니라는 것이 한국을 포함한 대부분 국가의 공식적인 입장이다.

이러한 법적 불확실성 속에서, 국내 최대 저작권 관리 단체인 한국음악저작권협회(KOMCA)는 2025년 3월 24일부터 "AI가 1%라도 창작에 기여한 곡은 저작권 등록 불가"라는 초강경 방침을 시행했다. 이는 인간의 창의적 기여가 일부라도 있다면 저작권을 인정하는 미국 저작권청의 입장보다 훨씬 엄격한 기준이다. 이 정책은 AI의 창작 기여도를 정확히 판단하기 어렵다는 행정적 한계와 기존 창작 생태계를 보호하려는 명분 아래, 잠정적으로 AI 개입을 전면 차단하는 '기술 중단(Stop-gap)' 조치를 선택한 것이다. 이로 인해 국내 AI 음악 생태계의 활성화가 저해될 수 있다는 우려가 제기되고 있다.

AI 모델은 방대한 양의 기존 저작물을 학습하여 새로운 결과물을 생성하는데, 이 과정에서 발생하는 저작권 침해 문제는 글로벌 소송의 핵심 쟁점이 되고 있다.

법적 쟁점

이 소송의 핵심은 AI 학습 과정이 저작권 침해에 해당하는지, 아니면 '공정이용(Fair Use)' 원칙에 따라 허용될 수 있는지 여부였다. AI 기업들은 학습 과정이 원본을 단순히 복제하는 것이 아니라, 완전히 새로운 결과물을 만드는 '변형적 이용(transformative use)'에 해당한다고 주장한다.

논쟁의 미래

법적 분쟁의 불확실성이 크기 때문에, 이 문제는 결국 '협상'과 '기술적 해법'으로 귀결되고 있다. RIAA와 수노/Udio의 소송은 결국 라이선스 협상으로 이어졌으며, 음반사들은 유튜브의 콘텐츠 ID 시스템과 유사한 '핑거프린팅(fingerprinting)' 기술 도입을 요구하고 있다. 이 기술은 AI 생성물이 원본 데이터를 얼마나 활용했는지 추적하여, 저작권자에게 새로운 형태의 보상을 제공하는 '보상 체계'를 구축할 수 있게 한다. 이는 단순히 규제를 강화하는 것을 넘어, AI 시대에 맞는 새로운 비즈니스 생태계를 구축하려는 중요한 시도로 볼 수 있다.

AI는 유명인의 목소리나 외모를 정교하게 복제하는 '디지털 복제물(digital replicas)' 문제를 야기하고 있다. 사망한 래퍼의 목소리를 되살리거나, 유명 가수의 목소리로 'AI 커버곡'을 만드는 사례는 작사/작곡가의 저작권뿐만 아니라, 가수와 연주자 등 '저작인접권자'의 권리를 침해하는 중대한 문제다. 이러한 딥페이크 기술은 보이스피싱, 금융 사기 등 범죄에 악용될 수 있어 공공의 안전을 위협한다. 이에 대해 미국 저작권청은 기존 법률 체계의 한계를 인정하고, 유명인뿐만 아니라 모든 개인의 디지털 복제물에 대한 새로운 연방 차원의 입법 필요성을 강조하고 있다.

한국 정부는 AI 기술 상용화로 인한 시장 혼란을 최소화하기 위해 '생성형 인공지능 저작권 안내서'를 발표하고, '인공지능 워킹그룹'을 통해 AI 학습 저작물 이용에 대한 보상 체계 등 주요 쟁점을 논의하고 있다. 이는 정부가 기술 진흥과 창작자 보호 사이에서 균형을 찾으려는 노력을 보여준다.

AI 음악이 바꾸는 예술과 문화의 미래

AI 음악의 등장은 기술적, 산업적, 법적 쟁점을 넘어 예술과 문화의 본질에 대한 근본적인 질문을 던지고 있다.

AI는 누구나 자신의 아이디어를 음악으로 구현할 수 있게 함으로써, 음악 창작의 '민주화'를 이끌고 있다. 이는 경제적, 물리적 제약으로 인해 좌절되었던 많은 예술적 열망에 새로운 기회를 제공할 것이다. 음악적 재능이 없는 사람도 AI를 통해 자신의 감정을 담은 개인화된 노래를 만들 수 있었던 사례는 이러한 가능성을 극명하게 보여준다. AI는 창작에 필요한 기술적 격차를 해소하고, 창의적인 아이디어와 완성된 결과물 사이의 간극을 메워주는 역할을 한다.

'창작의 민주화'라는 유토피아적 비전은 위험을 내포하고 있다. AI는 학습 데이터에 내재된 편향성을 그대로 반영하여 젠더, 인종, 특정 지역에 대한 편견이 담긴 결과물을 생성할 수 있다. AI 알고리즘은 훈련 과정에서 데이터의 불균형을 학습하여 특정 그룹에 유리하거나 불리한 결과물을 반복적으로 만들어 낼 수 있다.

이러한 편향성 문제는 결국 문화적 다양성을 확장하기보다, 모든 음악이 '똑같이 들리는' '문화적 단일화'를 초래할 수 있다는 더 큰 위험으로 이어진다. AI는 훈련 데이터에 반영된 주류 트렌드나 기존의 사용자 선호도를 강화하는 방식으로 작동하기 때문에, 특정 장르나 소수의 문화적 목소리가 배제되거나 왜곡될 수 있다. 한 연구는 AI 음악의 '민주화'라는 수사가 사실은 '개인주의적이고 윤리적으로 회피적인' 이데올로기를 감추고 있다고 비판하며, 이는 AI가 창작 도구를 넘어 문화적 정체성을 재구성하는 강력한 힘을 가질 수 있음을 시사한다.

AI가 만든 음악은 '예술인가'라는 근본적인 질문은 여전히 논쟁 중이다. 예술의 본질은 인간의 고유한 경험과 감정을 반영하는 데 있다는 전통적 관점에서 볼 때, AI가 만든 음악은 인간 작곡가가 작품에 불어넣는 '감정적 깊이'나 '진정성'이 부족하다는 비판을 받는다.

소비자들은 AI가 만든 음악에 대해 기술적인 완성도와는 별개로 감정적 연결을 느끼기 어렵다는 반응을 보이기도 한다. 한 광고 회사가 AI 음악을 사용했다가 소비자들의 반발에 직면했던 '레드 랍스터' 사례는, AI 음악의 출처가 소비자 신뢰도에 직접적인 영향을 미칠 수 있음을 보여준다. 이는 기술이 인간의 예술성을 능가하더라도, 예술을 소비하는 인간의 심리적, 감정적 욕구를 충족시키지 못하면 결국 외면받을 수 있음을 의미한다.

AI가 인간의 역할을 완전히 대체하는 디스토피아적 미래와 달리, AI가 인간의 창의성을 확장하는 새로운 도구가 될 수 있다는 낙관적인 시나리오 또한 존재한다. AI는 인간 예술가가 미처 생각하지 못한 새로운 아이디어를 제공하는 '조력자'가 될 수 있다. 과거 사진술의 발명이 회화의 종말을 가져오지 않고 새로운 예술적 가능성을 열었듯이, AI 또한 새로운 형태의 예술과 직업을 탄생시킬 것이다. 인간의 예술적 감성과 AI의 기술적 창조력이 만나는 지점에서, 우리는 이전에 없던 혁신적인 예술 작품들을 만나게 될 것이다.

AI 음악 생성 기술은 단순한 도구 혁신을 넘어, 음악 산업과 사회 전반의 근본적인 패러다임 전환을 이끌고 있다. 기술적 발전은 눈부시게 이루어지고 있지만, 이에 대한 법률, 윤리, 문화적 논의는 여전히 기술의 속도를 따라잡지 못하고 있다. AI 음악의 미래는 기술적 가능성(유토피아)과 사회적 위험(디스토피아) 사이의 복잡한 교차점에 놓여 있으며, 우리는 이 균형점을 찾아 현명하게 대응해야 할 시점에 와 있다.

정책 당국을 위한 제언

균형 잡힌 법·제도 마련: AI 기술의 혁신과 창작자 보호가 조화를 이룰 수 있도록 AI 학습 데이터 투명성 확보, 딥페이크 규제, 그리고 저작권 보상 체계 마련 등을 아우르는 종합적인 'AI 법' 제정을 검토해야 한다.

유연한 행정 기준 수립: 한국음악저작권협회와 같은

단체의 '경직된' 정책은 재고되어야 하며, AI를 활용한 인간 창작 활동에 대한 저작권 보호 기준을 명확히 함으로써 국내 창작 생태계의 활성화를 지원해야 한다.

기술적 해법 도입 지원: '핑거프린팅'과 같은 기술적 솔루션을 통해 AI 학습 및 생성물의 저작권 기여도를 추적하고, 창작자에게 공정한 보상을 제공할 수 있는 새로운 생태계를 구축해야 한다.

음악 산업 관계자를 위한 제언

기술 적응 및 비즈니스 모델 혁신: AI를 위협이 아닌 새로운 기회로 인식하고, 기술을 활용해 효율성을 높이는 동시에 인간의 개성이 담긴 차별화된 콘텐츠를 제작하는 비즈니스 모델을 적극적으로 탐색해야 한다.

윤리적 비즈니스 모델 구축: 저작권 허락을 받은 데이터를 사용하는 '윤리적' AI 모델을 개발하고, 투명성을 확보함으로써 창작자와 소비자로부터 신뢰를 얻어야 한다.

창작자와 대중을 위한 제언

AI 리터러시 함양: 창작자는 AI를 단순한 대체재가 아닌, 창의성을 확장하는 도구이자 협업 파트너로 인식하고, AI가 대체할 수 없는 인간만의 감성과 진정성을 담는 데

집중해야 한다.

비판적 소비 태도 확립: 대중은 AI 음악에 대한 비판적 리터러시를 함양하고, AI가 가져올 문화적 단일화 위험에 맞서 다양한 장르와 형태의 창작물을 의도적으로 소비함으로써 문화적 다양성을 보호해야 한다.

참고문헌

오연재 외(2024). "생성형 AI 플랫폼 기반 개인화된 음악 창작: ChatGPT, Suno.AI 및 CapCut의 활용". 《한국통신학회 학술대회논문집》, 2024(6), 1797~1798쪽.

CISAC PMP Strategy(2024). Study on the economic impact of Generative AI in the Music and Audiovisual industries. CISAC.

Gupta, A.(2025). Generative AI in Music Market Overview. Market Research Future. https://www.marketresearchfuture.com/reports/generative-ai-in-music-market-31943

박은비

경남대학교 사범대학 음악교육과 조교수다. 연세대학교 음악대학에서 작곡을 전공하였다. 이후 음악교육에 관심을 가지고 부산교육대학교에서 음악교육 석사학위 및 경성대학교 대학원에서 "쉔커식 분석이론에 근거한 작곡 지도방법 연구"(2023)로 음악학 박사학위를 받았다. 현재, 한국음악교육학회 상임이사, 한국예술교육학회 및 한국문화교육학회, 한국융합예술치료교육학회, 한국영유아음악교육학회 이사로 활동하고 있다. 주요 논문으로 "AI 음악생성기(Music Generator)의 음악작품 분석 및 음악교육적 시사점 고찰"(2024)과 "음악과 교육과정 창작 영역의 내용과 AI 음악생성기의 창작 방식 간의 관계성 분석"(2024)이 있다. 그 외 공동연구 논문으로는 "Suno AI와 Udio AI로 만든 음악 작품 분석"(2024)과 "2022 개정 중·고등학교 음악 교과서에서 AI 창작활동의 음악 개념 적용 범위"(2025) 등이 있다.

양종모

부산교육대학교 음악교육과 전 교수다. 서울대학교 음악대학 성악과를 졸업하고, 동대학원에서 음악교육 석사를 받았다. 헝가리 코다이 음악원에서 최고과정을 졸업하고, 단국대학에서 교육학 박사학위를 받았다. 한국교육과정평가원에서 10년간 연구원으로 재직했으며, 2007년부터 근무한 부산교대에서 2025년 8월 31일에 정년퇴직하였다. 2007년부터 2025년까지 금성출판사, 음악과생활 등 초중고등학교 음악 교과서를 다수 집필하였으며, 그 외 연구 논문으로 “양(Yang)의 리듬표기법에 대한 초등학생의 리듬학습효과 검증”(2023), “AI 음악 생성기 수노(Suno)의 교육적 가치에 대한 예비교사의 인식”(2024), “한국과 조총련의 음악 교과서에 제시된 민요의 동질성 분석”(2016), “싱가포르 초등학교 음악 교과서에 제시된 국가교육노래(NE Songs)의 의미와 학습 내용 연구”(2014), “인공지능(AI) 음악생성기(Music Generator)의 발달에 따른 음악창작교육의 지향”(2023), “AI 음악 생성기 수노(Suno)의 입력값과 반영값의 관계 분석”(2025) 등 40여 편의 논문을 KCI, SCOPUS 등 등재학술지에 게재했다.